Gamification im Unterricht

Swen Körner • Mario Staller •
Tilman Uhlich • Benjamin Bonn •
Nico Schué

Gamification im Unterricht

Ein praktischer Leitfaden für Lehrer*innen

Swen Körner
Trainingspädagogik und Martial Research
Deutsche Sporthochschule Köln
Köln, Deutschland

Tilman Uhlich
Trainingspädagogik und Martial Research
Deutsche Sporthochschule Köln
Köln, Deutschland

Nico Schué
Offene Schule Köln - OSK
Köln, Deutschland

Mario Staller
Fachbereich Polizei
Hochschule für Polizei und öffentliche
Verwaltung Nordrhein-Westfalen
Köln, Deutschland

Benjamin Bonn
Trainingspädagogik und Martial Research
Deutsche Sporthochschule Köln
Köln, Deutschland

ISBN 978-3-658-48446-0   ISBN 978-3-658-48447-7 (eBook)
https://doi.org/10.1007/978-3-658-48447-7

Die Deutsche Nationalbibliothek verzeichnet diese Publikation in der Deutschen Nationalbibliografie;
detaillierte bibliografische Daten sind im Internet über https://portal.dnb.de abrufbar.

Springer Gabler ist ein Imprint der eingetragenen Gesellschaft Springer Fachmedien Wiesbaden GmbH
und ist ein Teil von Springer Nature.
Die Anschrift der Gesellschaft ist: Abraham-Lincoln-Str. 46, 65189 Wiesbaden, Germany

Wenn Sie dieses Produkt entsorgen, geben Sie das Papier bitte zum Recycling.

Inhaltsverzeichnis

1

Press Start

Intro

Die Klingel schickt die letzten Schülys nach Hause. Die Lehrkräfte der Gustav-Albrecht-Maria-Egon Gesamtschule bewegen sich durch die Flure in Richtung Aula. Der stickige Raum ist prall gefüllt. Es ist leise. Hier und da kratzt ein Stuhl über die alten Holzplanken. Es dauert, bis alle ihren Platz eingenommen haben. Die zum Halbjahr neu hinzugekommene Rektorin Pauline-Theresa Coopfer befindet sich im Halbschatten der Bühne. Sie sieht, wie immer mehr Lehrkräfte ihre Aufmerksamkeit auf die Bühne richten. Schließlich geht es los.

Rektorin   *„Natürlich gebe ich eine knappe Willkommensrede für unsere Halbjahreskonferenz. Liebe Lehrkräfte, liebe Eltern, liebe Schüler:innen: Herzlich Willkommen. Wir freuen uns über das zahlreiche Erscheinen. Leider ist der Anlass ein problematischer, wie einige schon vermutet haben: Unsere Schule muss „Innovenz" anmelden."*

Ein Raunen geht durch das Publikum. Einige Lehrkräfte springen von den Sitzen. Sie wirken irritiert. Andere ballen freudig die Faust und blicken erwartungsvoll auf die Innovationen, die die Rektorin wohl gleich ankündigt. Andere schwenken gleichgültig ihren kalten Kaffee. Nachdem die erste Unruhe verklungen ist, fährt die Rektorin fort.

© Der/die Autor(en), exklusiv lizenziert an Springer Fachmedien Wiesbaden GmbH, ein Teil von Springer Nature 2025
S. Körner et al., *Gamification im Unterricht*,
https://doi.org/10.1007/978-3-658-48447-7_1

Rektorin	„Gemach. Das bedeutet: ohne Eile. Natürlich kann ich den Sachverhalt weiter erläutern. Es herrscht seit geraumer Zeit Innovationsmangel in unserer Schule. Zumindest wurde mir das von der Bezirksregierung mitgeteilt. Dies ist also nicht meine Entscheidung. Unsere heutige Sitzung hat die Aufgabe, die Schule auf einen neuen Weg zu bringen und für die zukünftige Ausrichtung innovative Konzepte zu diskutieren ".
Bernard (Lehrkraft)	„Warum? Wer sagt das? Was glaubt diese Bezirksregierung eigentlich, wer sie ist?"
Naima (SV)	„Wir Schülys sehen das ähnlich. Das macht alles wenig Sinn hier. Die Abstimmung in allen Jahrgangsstufen hat ergeben: Wir wollen mehr Spaß im Unterricht. Ab dafür!"
Sybille (EV)	„Naima, ernsthaft? Wir bereiten euch hier auf das Leben nach der Schule vor. Dafür braucht ihr gute Noten. Was gibt es da an der Ausrichtung zu diskutieren?"
Ilkay (Ref)	„Ähm, ich habe die letzten 19 Nächte durchgearbeitet und unzählige neue Konzepte entwickelt. Die sind alle voll gut durchdacht, mit didaktischer Literatur begründet, im Studium vielversprechend erprobt und..."
Bernard	„Wo ist eigentlich der Kaffeesatzbehälter aus der Maschine im Lehrerzimmer? Der war heute Morgen schon wieder nicht an seinem Platz!"
Naima	„Der läuft bestimmt schon über voller alter Unterrichtskonzepte. Mein voller Ernst mit dem Spaß! Für uns ist das wichtig!"
Rektorin	„Ja, das lässt sich so sehen. Das arbeite ich gerne aus."

Ein Murren geht durch das Publikum, während die Rektorin in die Luft starrt und nachzudenken scheint. Kaum jemand kennt sie wirklich gut. Die wenigsten haben sie im Schulalltag gesehen. Bislang hat sie sich nur selten in Entscheidungen eingemischt.

Phil (Lehrkraft)	„Ich hab's: Easy, wir zocken! Spaß und Spiel, das klingt doch wie gemacht. Leute, ich hab tausend Ideen im Kopf: XP, Level, wie bei Computerspielen. Wir nutzen so was einfach für unseren Unterricht. Wir..., wie heißt das noch gleich...? Wir gamifizieren!"
Bernard	„Warum sollten wir das tun? Wer sagt das?"
Phil	„Na, weil es ein tolles Erlebnis ist, und... keine Ahnung, ich mag halt Computerspiele."

Wenn wir beim Tanken Bonuspunkte sammeln, sind wir schon halb im Thema. Die Punkte belohnen unser Verhalten. Sie sollen uns motivieren, wiederzukommen und zu tanken. Dafür winken weitere Belohnungspunkte. Wenn wir sie einlösen, bekommen wir etwas „billiger" oder „umsonst". Die Rechnung kann aufgehen. Für die Tankstelle und für uns. Die Idee, unsere Konsumentscheidungen mit Punkten zu belohnen, damit wir genau diese Konsumentscheidungen wiederholen, hat mit Gamifizierung zu tun.

Gamifizierung bzw. Gamification kommt von Games. Das Belohnen von Verhalten durch Punkte ist ein Element zahlreicher Games. Gamification ist am Start, wenn Gameelemente wie Punkte, Level oder Ranglisten auf Bereiche übertragen werden, die erstmal gar nichts mit Spielen zu tun haben – wie tanken, urlauben, arbeiten. Und lernen.

Gamifizierung kommt mittlerweile in vielen Bereichen zum Einsatz. Selbst dort, wo man sie nicht unbedingt vermuten würde: im Bibliothekswesen (Howard & Myers, 2024), der Behandlung von Nackenschmerzen (Sun et al., 2024), der Museumspädagogik (Long et al., 2024) und Kreativitätsförderung in Unternehmen (Mirbabaie et al., 2018), der Krankenpflege (Kim et al., 2024) und chirurgischen Ausbildung (Burri et al., 2024) oder auch bei der Sensibilisierung von Unternehmensangestellten für Belange der Informationssicherheit und des Datenschutzes (Bitrián et al., 2024). Gamifizierung hat viele Gesichter. Und sie geht weit über den Einsatz von Punkten, Level und Ranglisten hinaus.

Genau davon handelt dieses Buch. Denn wir gehen davon aus, dass Gamification den Unterricht an Schulen bereichern und schulische Zwecke sinnvoll unterstützen kann. Die Gamifizierung von Unterricht bedarf unseres Erachtens allerdings einer sorgfältigen pädagogischen Reflexion und anspruchsvollen Inszenierung. Ohne Bezug zu Lernzielen wäre ihre Anwendung fragwürdig. Gamifizierung als Pointifizierung, als Vergabe von Punkten für Leistungen, gäbe dem real-existierenden Behaviorismus des schulischen Notensystems lediglich ein weiteres, vielleicht etwas modischeres Gewand. Und schließlich hat Gamifizierung einen durchaus problematischen Bezugspunkt: Games sind u. a. in ihrem Suchtpotenzial, ihrer Konsumorientierung sowie in ihren Darstellungen von Gewalt, Geschlecht und Moral kritisch einzuordnen.

Moderne Videogames schaffen jedoch auch etwas, was sich der Unterricht an Schulen grundsätzlich wünschen dürfte: Sie bereiten Freude, engagieren Menschen und motivieren zum Mitmachen. Und noch ein Aspekt ist für die Schule interessant: Wer schon mal ein Spiel wie Tetris oder Mario Bros gespielt hat, der weiß, man sortiert, springt, rennt und sammelt bereits nach zwei Minuten besser und schneller als in den ersten Sekunden. Ein Videogame zu spielen, bedeutet zu lernen und dabei – in der Regel – Spaß zu haben. Nun ist Lernen das offizielle Kernanliegen von Schule. Und Spaß? Wohl eher nicht. Lernen und Spaß müssen sich allerdings nicht ausschließen. Das zumindest ist das Argument der Gamification, das wir im Folgenden entfalten möchten.

Wahrscheinlich liest du dieses Buch, weil du selbst Lehrer*in bist (oder werden willst). Dann steht das Unterrichten für dich auf der Tagesordnung. Warum es für dich und deinen Unterricht Sinn machen kann, es mal mit der Gamifizierung anzugehen, genau darum geht es hier. Verständlich, praxisnah und auf solider Wissensgrundlage.

Für einen guten Unterricht – in Mathematik, Sport, Deutsch, Geschichte, Englisch, Chemie oder anderen Fächern – ist Gamification natürlich kein Muss. Keiner scheint das besser zu wissen als Bernard. Und die Welt kennt viele Bernards, die der Gamifizierung achselzuckend, kritisch oder auch spöttisch begegnen. Achselzuckend, weil es in der Pädagogik eigentlich nichts Neues ist, dass sich Menschen im und durch Spielen Fertigkeiten aneignen, also lernen; kritisch, weil Gamifizierung bisweilen als Mittel für Zwecke daherkommt, die man ideologisch fraglich finden kann – ist die Vergabe von Bonuspunkten fürs Tanken nicht eine Konditionierung von Menschen in deutlich kapitalistischer Absicht? Und spöttisch, weil es auch Daten gibt, die zeigen, dass Gamification ihre Ziele bisweilen auf ganzer Linie verfehlt.

Aber vielleicht bist du ja genauso engagiert wie Ilkay, oder aber dir schwant wie Phil, dass es gute Gründe dafür geben könnte, warum ihn Videospiele so begeistern und hier vielleicht noch die ein oder andere Inspiration für seinen Unterricht zu holen ist. Also, mach es dir gemütlich und lass uns gemeinsam entdecken, was Gamification im Schulunterricht bedeuten kann. Dabei wünschen wir dir viel Spaß. Und wenn wir Glück haben, werden wir auch nicht immer von diesen Story-Elementen und Dialogen unterbrochen…

Outro

Rektorin „Natürlich, das ist eine plausible Idee. Schließlich müssen wir unseren Unterricht auch am neuen Gamifizierungskompetenzrahmen ausrichten. Das sagt die Bezirksregierung."

Vereinzelt sind unsichere Stimmen zu vernehmen. Aus dem Stimmengewirr ist die Frage zu hören, was dieser Kompetenzrahmen überhaupt ist und ob er wirklich existiert. Die Rektorin übergeht die Zweifel, während sich die Elternvertretung Sybille zu Wort meldet.

Sybille „Ich weiß nicht. Was soll das heißen: „gamifizieren"? Spielen die Kids nicht eh genug? Am Ende kennen die alle 150 Rocketmon, aber mit der E-Funktion wissen sie trotzdem nichts anzufangen. Wie sollen die dann jemals im Leben zurecht kommen? Mir gefällt das nicht."

Die Lehrkräfte tuscheln untereinander, manche schauen sehnsüchtig auf das Ziffernblatt der Uhr über dem Ausgang. Überzeugung sieht anders aus. Währenddessen wirft eine Gruppe von Lehrkräften begeistert und ungefragt Ideen in die Runde. Die Rektorin steht langsam auf.

Rektorin „Natürlich kann ich eine Entscheidung treffen. Wir brauchen Klarheit und einen Wettbewerb: Unsere Fachschaften werden am pädagogischen Tag Konzepte für Gamifizierung entwickeln und evaluieren, um das Ganze zu erproben. Frist bis zur Schuljahresabschlusskonferenz. Die Fachschaft mit dem besten Beispiel darf sich im nächsten Schuljahr einen Tisch im Lehrer:innenzimmer und das Motto für den Betriebsausflug aussuchen. Gern geschehen."

Literatur

Bitrián, P., Buil, I., Catalán, S., & Merli, D. (2024). Gamification in workforce training: Improving employees' self-efficacy and information security and data protection behaviours. *Journal of Business Research, 179*, 114685. https://doi.org/10.1016/j.jbusres.2024.114685

Burri, P., Bischhoffberger, S., & Sparn, M. (2024). *Spielerisch lernen, ernsthaft operieren. Gamification und Virtual Reality: die neue Ära der chirurgischen Ausbildung*. Swiss/Knife Education.

Howard, B., & Myers, M. (2024). Gamification tools for libraries. Achieve, *2214*. https://knowledge.e.southern.edu/achieve/2214. Zugegriffen am 22.03.2024.

Kim, K., Choi, D., Shim, H., & Lee, C. A. (2024). Effects of gamification in advanced life support training for clinical nurses: A cluster randomized controlled trial. *Nurse Education Today, 140*, 106263. https://doi.org/10.1016/j.nedt.2024.106263

Long, R., Zeng, X., Jiang, A., Han, W., & Yang, X. (2024). The Impact of Gamified AR Format on Engagement for Site Museum Tours. In A. Marcus, E. Rosenzweig, M. M. Soares (Hrsg.), *Design, User Experience, and Usability. HCII 2024. Lecture Notes in Computer Science* (Bd. 14715). Cham: Springer. https://doi.org/10.1007/978-3-031-61359-3_21

Mirbabaie, M., Stieglitz, S., Priesmeyer, J., & Kindel, M. (2018). Einsatz von Spielmechaniken und Bots zur Moderation von Kreativitätsprozessen in Unternehmen. *HMD Praxis der Wirtschaftsinformatik, 56*(1), 147–159. https://doi.org/10.1365/s40702-018-00475-5

Sun, Y., Xian, Y., Lin, H., & Sun, X. (2024). Enhancing the management of non-specific neck pain through gamification: Design and efficacy of a health application. *Bioengineering, 11*(7), 640. https://doi.org/10.3390/bioengineering11070640

2

Level 1: Rahmen

Intro

Eine Woche später genießen die Fachschaften ihren Freitagnachmittag mit den ersten Planungen für die neuen Konzepte. In der Sport-Fachschaft herrscht betretenes Schweigen. Phil kommt in den Raum und wirft einen Haufen Bücher auf den Schreibtisch. Er stellt seinen Laptop auf, richtet den Beamer an die Wand und scrollt seine Favoritenliste entlang.

Phil   *„Ich hab die ganze Woche nichts anderes gemacht, als alle meine Spiele durchgesehen, Play-Throughs geschaut und mir Literatur besorgt zur Gamification. Auf welches Genre habt ihr Bock: Action-Adventure, Simulation, Beat em up, RPG oder direkt das MMORPG?"*

Schweigen. Phil sucht in der Runde vergeblich nach Augenkontakt. Boris hält in den hinteren Reihen mit einem Tischtennisschläger den Ball hoch. Draußen fliegen Vögel vorbei und irgendwo schlägt ein Presslufthammer an der nahen Baustelle hart auf den Boden. Phils Enthusiasmus bricht er nicht.

Phil   *„Ihr müsst wohl noch warmwerden, was? Übrigens, ihr werdet's nicht glauben: An der Kaffeemaschine habe ich Bernard getroffen und der hat sich überhaupt nicht dafür interessiert, was für ein Konzept bei uns rauskommt! Er meinte, das alles macht überhaupt gar keinen Sinn!"*

> *Die Fachschaft zuckt synchron mit den Schultern. Eine Durchsage der Rektorin erschallt durch alle Räume.*
>
> Rektorin   *„Hallo zusammen, natürlich kann ich Euch völlig unvoreingenommen und ohne bestimmten Anlass erläutern, warum das alles sehr wohl einen Sinn macht. Schauen wir uns doch vorab kurz den Rahmen an, in dem wir uns hier bewegen."*

2.1   Unterricht an Schulen

Schulen sind Bestandteil des primären und sekundären Bildungssektors. Sie sind staatliche Institutionen oder staatlich anerkannt. Das Statistische Bundesamt zählt für das Schuljahr 2022/23 in Deutschland insgesamt 28882 öffentliche allgemeinbildende Schulen. Diese unterteilen sich in *Vorschulen, Schulkindergärten, Grundschulen, schulartunabhängigen Orientierungsstufen, Hauptschulen, Schularten mit mehreren Bildungsgängen, Realschulen, Gymnasien, integrierte Gesamtschulen, freie Waldorfschulen, Förderschulen, Abendhaupt-schulen, Abendrealschulen, Abendgymnasien und Kollegs.* Dazu kommen noch die privaten und beruflichen Schulen. Im Schuljahr 2022/23 waren in Deutschland dabei ungefähr 8,69 Mio. Schülys gemeldet (Statistisches Bundesamt Deutschland – GENESIS-Online, 2024). Also eine ganze Menge!

Die Schulpflicht besteht in Deutschland vom 6. bis 18. Lebensjahr. Auf dem Weg zum Abschluss sind unterschiedlichste Etappenziele zu meistern (Schuleingangsuntersuchung und -beratung, Empfehlungen für weiterführende Schulen, Versetzungen von Klasse n zu Klasse $n+1$, …). Der föderalen Struktur entsprechend liegt Schule im Hoheitsbereich der Bundesländer, wobei es häufig zur Zusammenarbeit zwischen Bund und Ländern in den entsprechenden Gremien (bspw. ständige Konferenz der Kultusminister der Länder in der Bundesrepublik Deutschland (KMK)) kommt. Die Aufgaben von Schulen werden entsprechend in den Schulgesetzen der Länder beschrieben, so bspw. der Bildungs- und Erziehungsauftrag der Schule im Schulgesetz für das Land Nordrhein-Westfalen unter § 2 SchulG NRW (Klein & Stuttmann, 2024):

„Die Schule vermittelt die zur Erfüllung ihres Bildungs- und Erziehungs-
auftrags erforderlichen Kenntnisse, Fähigkeiten, Fertigkeiten und Wert-
haltungen und berücksichtigt dabei die individuellen Voraussetzungen der
Schülerinnen und Schüler. [...]" § 2 SchulG NRW

An Schulen sind unterschiedliche Personalgruppen beschäftigt, die
sich häufig in multiprofessionellen Teams zusammensetzen. In der Schullehre agieren insbesondere Lehrys, Referendarys, Inklusions-/Integra-
tionsassistentys und Schulsozialarbeitys. Anzumerken ist an dieser Stelle,
dass viele Lehrys weitere Funktionen und Stellungen inne haben bspw.
Schul- und Fachleitung oder (Teil-)Abordnungen an verschiedenste
Ämter. Die Beschäftigungsverhältnisse unterscheiden sich ebenfalls. Es
finden sich unbefristete (verbeamtet, angestellt im öffentlichen Dienst)
und befristete Anstellungen (Abordnungen, Beamte auf Widerruf, Ange-
stellte im öffentlichen Dienst).

Es kann also sein, dass eine Person nur eine kurze Zeitspanne an der
Schule ist und in der Lehre agiert, während andere Jahrzehnte am glei-
chen Ort sind. Voraussetzung für den Unterricht an der Schule ist in der
Regel der lehramtsbezogene Universitätsabschluss sowie der erfolgreich
abgeschlossene Vorbereitungsdienst – das Referendariat. Gleichzeitig
werden deutschlandweit Vertretungsstellen durch Personengruppen be-
setzt, die teilweise weder das eine noch das andere besitzen (bspw. Hoch-
schulabsolventiys ohne lehramtsbezogenen Abschluss, Personen mit ab-
geschlossener Berufsausbildung ohne Lehramtsbefähigung, nebenberuf-
lich tätige Personen ohne Lehramtsbefähigung). Über die entsprechende
Qualifikation entscheiden die Schulleitungen und Schuleinstellungs-
behörden (*Vertretungseinstellung*, 2024).

Im Kern dreht sich der Unterricht an Schulen insbesondere um
die Zielgruppe der Schülys. Das Lehrangebot soll diesen die Möglichkeit bieten zu lernen, beziehungsweise – wie es an vielen Stellen
heißt – *Kompetenzen zu erwerben* (§ 2 Absatz 4 Satz 4 SchulG NRW;
Klein & Stuttmann, 2024). Dies passiert vornehmlich im Unterricht,
wobei eine Vielzahl an verschiedenen Fächern unterrichtet wird:
*Deutsch, Fremdsprachen, MINT (Mathematik, Informatik, Naturwissen-
schaften, Technik), Gesellschaftswissenschaften, musische Fächer, Religion,
Philosophie, Ethik, Sport* (*Unterrichtsfächer*, 2024). Ein ordentliches
Zielportfolio.

Was genau an der Schule unterrichtet wird, legen die Bundesländer für die verschiedenen Schulformen, Klassenstufen und Fächer fest. Immer wiederauftretende Reformen (Medienkompetenzrahmen, G8/G9, …) sorgen für Neuerungen und inhaltliche Aktualisierungen. In diesem Rahmen spiegeln sich auch didaktische Entwicklungen curricular (teilweise) auf Ziel- und Inhaltsebene wider (bspw. im Sport, s. Prohl & Krick, 2006). Die Lehrpläne machen Vorgaben und geben Orientierung. Sie bilden dabei die Grundlage für Unterricht und Erziehung und berücksichtigen die je nach Schulart angestrebte unterschiedliche Vermittlung von Wissen sowie verschiedenste Fähigkeiten und Fertigkeiten (§ 35 Absatz 4 SchulG BW, Fassung vom 1. August 1983, 2023).

Daneben finden sich oftmals Angaben zu Aufgaben und Zielen eines Faches, Leistungsbewertung, Hinweise zum Abitur, uvm. Für die Lehrys stellen diese Lehrpläne den inhaltlichen Rahmen für die Gestaltung ihres Unterrichts. Dort ist festgehalten, welche Inhalte und Kompetenzen angesprochen und gefördert werden sollen. Die konkrete praktische Umsetzung liegt dann in der Hand der Lehrys vor Ort. Letztlich können Schulen über die Ausgestaltung ihrer schulinternen Lehrpläne und der Lehre auch ein Profil abbilden und fortwährend aktualisieren. Für die Schullehre bieten Lehrpläne und andere Dokumente Orientierung und Vorgaben sowohl für Schülys als auch für Lehrys.

Wie der obige Abschnitt zeigt, stehen die Lehrys vor der großen Aufgabe, einerseits die sachlichen Anforderungen der standardisierten Curricula und Prüfungen zu vermitteln und andererseits dies aber im Rahmen der individuellen Förderung anzuleiten. Der Umgang mit dieser Herausforderung fordert ein hohes Maß an Professionalität. Weshalb wir genau diesem und unserem Verständnis von Professionalität im Lehryhandeln das nächste Kapitel widmen.

2.2 Pädagogische Professionalität

Professionalität bzw. Professionalisierung von Lehrkräften lässt sich auf verschiedenen Ebenen thematisieren. Es existiert eine formale (Aus-) Bildungsstruktur, die angehende Lehrkräfte durchlaufen; andererseits kann Professionalisierung auch als individueller Prozess der eigenen, persönlichen Weiterentwicklung untersucht werden.

Professionalisierung beschränkt sich also nicht auf Studium, Referendariat und etwaige Weiterbildungen. Allerdings bieten diese Phasen Rahmengebungen für das, was Lehrkräfte aus Sicht von tertiären Bildungsinstitutionen und Bildungspolitik wissen und können müssen oder sollen.[1] Bislang haben angehende Lehrkräfte in Deutschland in der Regel zwei Ausbildungsphasen vor sich – Quereinsteige einmal beiseitegelassen. Das Studium an einer (pädagogischen) Hochschule umfasst ein Bachelorstudium sowie einen weiterführenden Master of Education. Dabei werden je nach Bundesland zwei oder drei Fächer studiert sowie ein zusätzlicher bildungs- bzw. erziehungswissenschaftlicher Studienanteil absolviert.

Die Studiengänge unterscheiden sich in ihren Verläufen, Zielformulierungen und anderen Aspekten je nach Hochschule und angestrebter Schulform. Üblicherweise gehört das Absolvieren von Vorlesungen, Seminaren, Kursen und Tutorien in irgendeiner Weise dazu. Inhaltlich tauchen insbesondere Fachwissenschaft, Fachdidaktik und Bildungswissenschaft auf. Praktika an Schulen oder anderen Institutionen sind ebenfalls üblicherweise eingeplant (Kultusministerkonferenz, 2022). Die formale Professionalisierung ist in dieser Phase also auch abhängig vom jeweiligen Standort, der Hochschule und dem Studiengang – auch wenn Ähnlichkeiten anzunehmen sind.

Für den darauffolgenden Vorbereitungsdienst als Referendariat gilt das auch. Diese Phase beläuft sich je nach Bundesland auf 18 bis 24 Monate. Die Struktur der Ausbildungsphasen, Formate, verpflichtenden Stunden, Hospitationen und der Anteil eigenverantwortlichen Unterrichts variieren zwischen den Bundesländern (Kultusministerkonferenz, 2022). Das übergeordnete Ziel liegt allerdings in der Vorbereitung auf den Schuldienst. Denn das Referendariat bildet „die eigenständige, schulpraktisch ausgerichtete, abschließende Phase der Lehrerausbildung" (Kultusministerkonferenz, 2022, S. 2).

Am erfolgreichen Ende dieses Wegs steht die formale Bescheinigung, als Lehrkraft an einer Schule arbeiten zu können. Wer einmal in der

---

[1] Gegenwärtig stehen Teile dieser Ausbildungsphasen insbesondere aufgrund von Lehrkräftemängel auf dem Prüfstand. Die Kultusministerkonferenz (Kultusministerkonferenz, 2024, S. 2) beschloss deshalb Maßnahmen zur Reaktion auf diesen Mangel („Qualifizierung zu Ein-Fach-Lehrkräften", „Duales Lehramtsstudium", „Quereinstiegs-Masterstudium"), die womöglich in naher Zukunft zur Veränderung der Ausbildungsstruktur führen werden.

Schule gelandet ist, hat dort natürlich weiterhin die Möglichkeit und teilweise auch die Pflicht die Professionalisierung mit Fort-/Weiterbildungen am Laufen zu halten – zum Beispiel in NRW als geplante Pflicht zur Fortbildung (Ministerium für Schule und Bildung des Landes Nordrhein-Westfalen, 2024). In gewisser Weise gehört dieses Buch auch irgendwo in den Bereich der Weiterbildung über die formalen Ausbildungsstrukturen hinweg – vielleicht aus dem ganz persönlichen Interesse an Gamifizierung fürs Unterrichten heraus.

Damit wird schon deutlich: Neben diesen formalen Strukturen lässt sich nämlich ganz individuell und persönlich auf Prozesse der Professionalisierung schauen. Professionelles Unterrichten geht ja nicht im Durchlaufen des formalen (Aus-)Bildungsrahmens auf. Für die Frage, was dann eigentlich Professionalität im Lehrberuf meint und inwieweit das Handeln von Lehrkräften professionell ist, gibt es sehr unterschiedliche Antworten (Schierz & Miethling, 2017; Tenorth, 2006; Terhart, 2011; Weber et al., 2019). Wie steht es um Wissen und Kompetenzen von Lehrkräften? Wie reagieren sie situativ auf bestimmte Gegebenheiten, Ungewissheiten, Dilemma oder Konflikte? Inwieweit können sie im Rahmen ihrer persönlichen und beruflichen Biografie konstruktiv mit Herausforderungen umgehen? Welche Rolle spielt die eigene Weiterentwicklung in ihrer Berufsbiografie?

Dabei springt recht deutlich ins Auge, dass Lehrkräfte nicht eins zu eins so unterrichten, wie das Studium oder Referendariat es ihnen vermittelt. Unterrichtssituationen sind nicht standardisierbar (Lüsebrink, 2006). Von daher ist es erwartbar, dass Lehrkräfte nicht nach feststehenden Mustern jede Situation gleich auflösen (können). Und natürlich beziehen sich Lehrkräfte auf das erlernte Wissen, zum Beispiel im Bereich von Fachwissen, Fachdidaktik oder didaktischen Wissensbeständen. Allerdings spielt ihre eigene Motivation, ihr selbstregulativer Umgang mit herausfordernden oder belastenden Situationen, ihre Überzeugung, den Unterricht wirksam gestalten zu können, und vieles andere ebenfalls eine Rolle (Baumert & Kunter, 2006). Beispielsweise schließen Küth et al. (2021, S. 1178) aus ihrer Studie zur Unterrichtsplanung mit Lehramtsstudierenden, dass die Planung auch durch den „affektbeladene[n] Umgang mit Entscheidungssituationen" geprägt wird.

Lehrkräfte sind eben nicht nur Lehrkräfte, sondern Individuen mit ganz unterschiedlichen persönlichen Erfahrungen, Motiven, Erwartungen und Umgangsweisen. Außerdem sind sie selbst sozialisiert – auch zum Unterrichten und Lernen. Lehrkräfte haben *subjektive* Theorien oder Vorstellungen: Wie funktioniert Lernen? Was soll Unterricht und Schule überhaupt leisten? Wie lernen Schüler:innen möglichst viel und effektiv? Was macht gutes Unterrichten und Lernen aus? Welche Rolle habe ich als Lehrkraft? Dieses ‚stille Wissen' spielt eine wichtige Rolle dabei, wie Lehrkräfte handeln und ihr Handeln begründen (Baumert & Kunter, 2006; Schön, 1983).

Für uns steht genau das Handeln von Lehrkräften im Fokus, wenn wir über Professionalisierung schreiben. Unser *Modell Professionellen Unterrichtens* (MPU, siehe Abb. 2.1) baut auf der Annahme auf, dass diese individuelle Professionalisierung ein Prozess ist (Koerner et al., 2024). Die eigene Entscheidungsfindung und deren Reflexion stehen im Vorder-

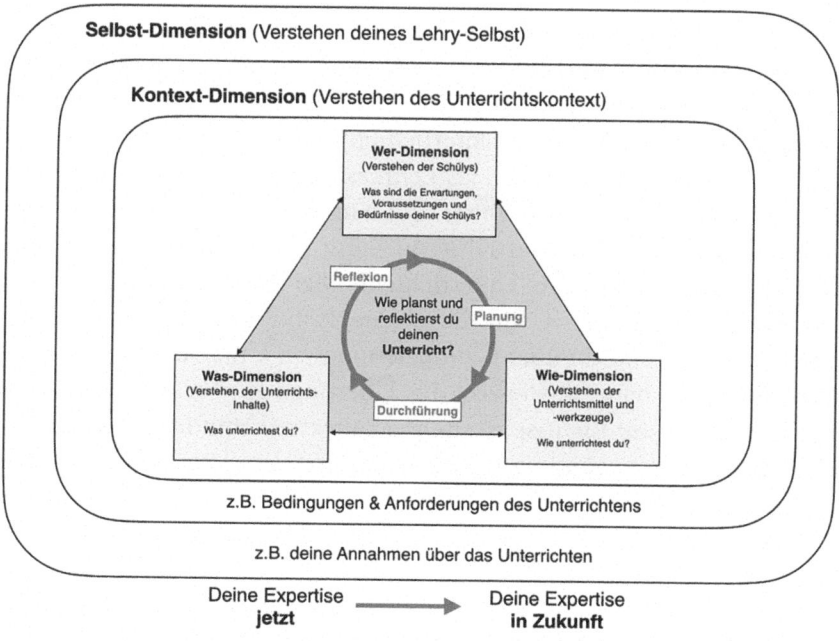

Abb. 2.1 Modell Professionellen Unterrichtens (MPU)

grund. Denn Professionalität zeichnet sich in unserem Modell darin aus, *begründete Entscheidungen* zu treffen und deren Wirken zu beobachten. Professioneller Unterricht meint also nicht das perfekte Muster für jeglichen Unterricht, sondern einen fortlaufenden Reflexions-, Abwägungs- und Entscheidungsprozess: Der Unterricht heute war phänomenal aktivierend – was war entscheidend? Die Stunde letzte Woche lief unruhig – was lässt sich vielleicht wo genau anpassen? Unterrichtssituationen sind höchst individuell und dynamisch (Lüsebrink, 2002, 2006). Deshalb bietet das Buch mit gamifiziertem Unterricht hier auch keine allgemeingültige, erfolgsgarantierende Konzeption von Unterricht an, sondern eine Möglichkeit – mit guten theoretischen und empirischen Gründen. Aber dazu später mehr.

Unterricht ist also ein recht komplexes, dynamisches Geschehen ohne feststehende Musterlösung. Das erfordert sowohl bei der Planung als auch der Durchführung von Unterricht viele Entscheidungen. Die Stellschrauben für die eigene Entscheidungsfindung und die Evaluation des eigenen Unterrichts liefert das Modell durch verschiedene Dimensionen (Abb. 2.1).

Wenn du dich gerade fragst, ob das Modell oder das Thema Gamifizierung zu dir selbst als Lehrkraft passt, bist du mitten in der *Selbst-Dimension*. Hier geht es um dein Selbstverständnis als Lehrkraft. Welche Annahmen hast du über das Unterrichten und das Lernen? Welche Aspekte bewegen dich persönlich als Lehrkraft und wie bringst du sie (bewusst/unbewusst) in deinen Unterricht ein? Was bedeutet dir die eigene Weiterentwicklung? Was verstehst du selbst unter Professionalisierung oder Professionalität beim Unterrichten? Die Selbst-Dimension bildet eine entscheidende Basis für die eigene Entscheidungsfindung beim Unterrichten. Wenn du über Gamifizierung von Unterricht liest, liegt ja auch die Frage nahe, inwieweit die Übertragung von Spielelementen und -prinzipien auf nicht-spielerische Kontexte (Deterding et al., 2011) zu deinem Selbstverständnis als Lehrkraft passt. Spielen *und* Lernen, wie siehst du das? Spielen *und* Unterrichten, kann das passen?

Welches Fach du auch unterrichtest, es sind vor allem die Inhalte, die im Vordergrund stehen (*Was-Dimension*). Schüler:innen sollen Kompetenzen erwerben in Kunst, Spanisch, Physik, Deutsch, Sowi, Politik, Mathematik, Englisch, Chemie, Sport und anderen Fächern. Als Lehrkraft erfordert es ein gewisses Verständnis für die Inhalte. Welche Inhalte unterrichtest du heute, hier und jetzt, für diese Zielgruppe, mit welcher

Methodik und warum? Für begründete Entscheidungen spielt es nicht nur eine Rolle, welche Inhalte du unterrichten möchtest, sondern auch, welche Zielgruppe da heute vor dir sitzt (*Wer-Dimension*) und mit welchen Mitteln du die Inhalte vermittelst *(Wie-Dimension)*. Die Dimensionen im Modell Professionellen Unterrichtens bilden einen Zusammenhang für begründete Entscheidungen: Es kann ausgezeichnete Gründe geben, warum diese eine Vermittlungsmethode bei dieser Klasse und jenem Inhalt funktioniert, derselbe Inhalt aber in einer anderen Situation anders aufbereitet werden muss.

Schülys sind unterschiedlich, Klassen sind unterschiedlich. Als Lehrkraft kennst du deine Lerngruppe (oder lernst sie kennen). Dieses Verständnis bringst du in deine Entscheidungen ein: Welche Erwartungen und Bedürfnisse haben meine Schüler*innen? Welche lebensweltlichen Anschlüsse ergeben sich zu den Inhalten, die ich heute dabei habe? Welche Methodik passt zu meinem Lernziel und zu dieser Zielgruppe? Was für Konsequenzen hat meine Wahl? Kann ich das Ganze authentisch rüberbringen? Die Dimensionen des Modells Professionellen Unterrichtens bieten Orientierung für Fragen an die eigene Entscheidungsfindung – auch in Sachen Gamifizierung.

Klar ist auch, dass Schule und Unterricht einen Kontext bilden, der ganz pragmatische Entscheidungen erfordert. Es bleibt im Schulalltag nicht immer die Zeit, alle Möglichkeiten durchzuspielen oder jede Stunde im Detail schon bei der Planung auszudeklinieren. Curriculare Vorgaben, schulinterne Lehrplänen, Kollegium, Raum- und Materialausstattung, Stundenpläne und mehr: Unterricht lässt sich weder planen noch durchführen, ohne einen Blick auf diesen Kontext zu werfen (*Kontext-Dimension*). Ein Raum hat modernste Technik, umfassende Bestuhlung, motivierende Lichtverhältnisse und einen starken Sound, ein anderer all das eben nicht – auch der Kontext beeinflusst das Unterrichten.

Wenn du dir überlegst, deinen Unterricht zu gamifizieren, können die Dimensionen unseres Modells für deine Entscheidungen eine Rolle spielen. Denn Gamifizierung bietet ein Konzept zur Gestaltung von Lernumgebungen, dass es an die konkreten Ziele und Zwecke deines Unterrichtkontexts anzupassen gilt (Körner, 2024). Professionalisierung muss dabei natürlich nicht bedeuten, sich in der Gamifizierung von Unterricht weiterzubilden. Dazu existieren ganz viele Möglichkeiten. Gamifizierung ist außerdem weder ein Alleskönner noch eine Garantie für erfolgreiches Lernen. Es gibt allerdings ein paar gute Argumente für Gamifizierung im Unterricht: In ihm kann gelernt, und Lernen als freud- und bedeutungs-voll erlebt werden. Von deinen Schülys – und auch von dir.

Outro

Die Durchsage der Rektorin verklingt im Rauschen der Lautsprecher. In der Englisch-Fachschaft sitzt Bernard mit einem kalten Kaffee in der Hand und starrt die Lautsprecher an.

Ilkay	*„Okay alles klar: Das passt wie der Stundenplan auf den Vertretungsbedarf. Ich bin voll professionell und werde nur noch professioneller. Lasst uns schnell ein Konzept entwickeln. Umso schneller das Konzept, desto schneller die Reflexion, desto schneller das Lernen, desto schneller das nächste Konzept und…"*
Bernard	*„Time-Out! Sag mir lieber, woher die Rektorin weiß, dass ich nach dem Sinn von dem allen hier gefragt habe? Zufall? Hört sie uns ab?! Ist da eine Wanze? In der Kaffeemaschine? Ich wusste, wir hätten bei der alten ana-logen Filtermaschine bleiben sollen."*

Die Fachschaft zuckt auch hier synchron mit den Schultern.

„Das ist tatsächlich ein interessanter Zufall", *sagt eine Stimme in der letz-ten Reihe.*

Die Fachschaft dreht sich um. Ein Mann in einem langen Trenchcoat tippt in der letzten Reihe seinen Hut an und nickt Bernard und den anderen zu. Niemand hat gesehen, wie der Mann sich dort hingesetzt hat. Niemand weiß, wer er ist. Und niemand weiß, warum er lächelt.

Fremder	*„Ihr fragt Euch bestimmt, wer ich bin. Das kann ich gern beantworten: Ich bin Peter T. Crüger. Freelancer, Game-Designer und Gamificator. Ich wurde als Spezialist enga-giert, um Euch bei der Umsetzung zur Hand zu gehen. Euch, und natürlich auch den anderen Fachschaften."*

Crüger zwinkert verschwörerisch, während Bernard unter den bekrit-zelten Holztischen manisch nach Abhörgeräten der Schulleitung sucht.

Peter T. Crüger	*„Übrigens, wisst Ihr, ob die Rektorin heute im Haus ist? Ich suche sie schon eine Weile und muss kurz mit ihr sprechen. Wegen meiner Abrechnung."*
Ilkay	*„Die ist eigentlich nie da. Aber stark, dass du hier bist. Da ich gelernt habe, mit links und rechts gleichzeitig zu schreiben und Korrekturen und Unterrichtsplanung simultan machen kann, habe ich meine Konzeptsammlung weiter aufgestockt. Die muss ich einbringen, also: Was ist das denn nun mit der Gamification? Teile deine Expertise mit uns."*

Crüger schaut auf seine Armbanduhr und seufzt.

Peter T. Crüger	*„Ich muss zwar eigentlich die Rektorin suchen, aber gut. Dann lasst uns kurz auf die Grundidee schauen. Aber wirklich nur ganz kurz…"*
Bernard	*„…bist du nicht nur hier, um uns zu unterstützen!? Sei's drum, ich brauch eine kurze Pause."*

Literatur

Baumert, J., & Kunter, M. (2006). Stichwort: Professionelle Kompetenz von Lehrkräften. *Zeitschrift für Erziehungswissenschaft, 9*(4), 469–520. https://doi.org/10.1007/s11618-006-0165-2

Deterding, S., Dixon, D., Khaled, R., & Nacke, L. (2011). From game design elements to gamefulness: Defining „gamification". *Proceedings of the 15th International Academic MindTrek Conference: Envisioning Future Media Environments*, 9–15. *https://doi.org/10.1145/2181037.2181040y*

Klein, M., & Stuttmann, M. (2024). Schulgesetz für das Land Nordrhein-Westfalen (Schulgesetz NRW – SchulG). In M. Klein & M. Stuttmann (Hrsg.), *Das Recht der Personalvertretung in Nordrhein-Westfalen* (S. 312–313). Erich Schmidt Verlag GmbH & Co. KG. https://doi.org/10.37307/b.978-3-503-23765-4.18

Koerner, S., Staller, M. M., & Bonn, B. (2024). *Toolset wissenschaftliche Methoden im Sport: Ein Leitfaden für Studium und Beruf.* Springer Gabler.

Körner, S. (2024). *Narrative Gamifizierung in der sportwissenschaftlichen Hochschullehre Konzeption – Durchführung – Evaluation* (1. Aufl.). Nomos.

Kultusministerkonferenz. (Hrsg.). (2024). *Maßnahmen zur Gewinnung zusätzlicher Lehrkräfte und zur strukturellen Ergänzung der Lehrkräftebildung. (Beschluss der Kultusministerkonferenz vom 14.03.2024).* Sekretariat der Kultusministerkonferenz. https://www.kmk.org/fileadmin/pdf/PresseUndAktuelles/2024/2024_03_14-Lehrkraeftebildung.pdf. Zugegriffen am 28.03.2024.

Kultusministerkonferenz, I. A. S. (Hrsg.). (2022). *Sachstand in der Lehrerbildung.* *https://www.kmk.org/fileadmin/Dateien/pdf/Bildung/AllgBildung/2022-10-25-Sachstand-LB_veroeff-2022.pdf.* Zugegriffen am 28.03.2024.

Küth, S., Scholl, D., & Schüle, C. (2021). Entscheidungstendenzen als psychoemotionale Einflussfaktoren auf das selbsteingeschätzte unterrichtliche Planungsverhalten angehender Lehrkräfte. *Zeitschrift für Erziehungswissenschaft, 24*(5), 1165–1182. https://doi.org/10.1007/s11618-021-01029-0

Lüsebrink, I. (2002). *Unsicherheit als Herausforderung. Ein Beitrag zur Professionalisierung des LehrerInnenberufs.* https://doi.org/10.25656/01:27497

Lüsebrink, I. (2006). *Pädagogische Professionalität und stellvertretende Problembearbeitung. Ausgelegt durch Beispiele aus Schulsport und Sportstudium.* Sportverlag Strauß.

Ministerium für Schule und Bildung des Landes Nordrhein-Westfalen (Hrsg.). (2024). *Konzept der „Reform der Lehrkräftefortbildung" (Sechs-Punkte-Plan).* Ministerium für Bildung und Schule des Landes Nordrhein-Westfalen.

Prohl, R., & Krick, F. (2006). DSB-Sprint-Studie: Eine Untersuchung zur Situation des Schulsports in Deutschland. In R. Prohl & F. Krick (Hrsg.), *3 Lehrplan und Lehrplanentwicklung – Programmatische Grundlagen des Schulsports* (S. 19–52). Meyer & Meyer.

Schierz, M., & Miethling, W.-D. (2017). Sportlehrerprofessionalität: Ende einer Misere oder Misere ohne Ende?: Zwischenbilanz der Erforschung von Professionalisierungsverläufen. *German Journal of Exercise and Sport Research, 47*(1), 51–61. https://doi.org/10.1007/s12662-017-0440-9

Schön, D. A. (1983). *The reflective practitioner: How professionals think in action.* Basic Books.

Schulgesetz für das Land Baden-Württemberg (SchG) in der Fassung vom 1. August 1983. (2023). *https://www.landesrecht-bw.de/jportal/recherche3doc/SchulG_BW_1983.pdf?json=%7B%22format%22%3A%22pdf%22%2C%22docPart%22%3A%22X%22%2C%22docId%22%3A%22jlr-SchulGBW1983rahmen%22%2C%22portalId%22%3A%22bsbw%22%7D&_=%2FSchulG_BW_1983.pdf.* Zugegriffen am 28.03.2024.

Statistisches Bundesamt Deutschland – GENESIS-Online. (2024). *https://www-genesis.destatis.de/genesis/online?operation=previous&levelindex=2&step=*

1&titel=Ergebnis&levelid=1718702837971&levelid=1718702755982#abread-crumb. Zugegriffen am 28.03.2024.

Tenorth, H.-E. (2006). Professionalität im Lehrerberuf. *Zeitschrift für Erziehungswissenschaft, 9*(4), 580–597.

Terhart, E. (2011). Lehrerberuf und Professionalität. Gewandeltes Begriffsverständnis—Neue Herausforderungen. In W. Helsper & R. Tippelt (Hrsg.), *Pädagogische Professionalität* (S. 202–224). Beltz. *https://www.pedocs.de/frontdoor.php?source_opus=7095.* Zugegriffen am 28.03.2024.

Unterrichtsfächer. (2024, Juni 18). *https://www.kmk.org/themen/allgemeinbildende-schulen/unterrichtsfaecher.html.* Zugegriffen am 28.03.2024.

Vertretungseinstellung. (2024, Juni 17). *https://www.schulministerium.nrw/vertretungseinstellung-und-andere-befristete-beschaeftigung-nach-angebot.* Zugegriffen am 28.03.2024.

Weber, K. E., Czerwenka, K., & Kleinknecht, M. (2019). Professionalität von Lehrkräften. Theoretische Konzepte und aktuelle empirische Befunde der Professionalisierungsforschung. In U. Steffens & P. Posch (Hrsg.), *Lehrerprofessionalität und Schulqualität* (S. 39–67). Waxmann.

3

Level 2: Gamification

Intro

Nach kurzer Pause kommen die Fachschaften wieder zusammen. Nicht nur bei den Englisch-Lehrys ist die Stimmung durchwachsen. Auch die Sport-Fachschaft wirkt wenig begeistert. Phil hatte zuvor den Raum verlassen. Nun kommt er mit Naima, der Schülersprecherin, wieder hinein.

Phil   *„Also, ich habe uns Unterstützung geholt. Schließlich soll unser Konzept ja die Schülys abholen und ihnen beim Lernen helfen."*

Naima   *„Und Spaß machen!"*

Phil   *„Genau. Außerdem habe ich gerade die bestellten acht Bücher über Gamification gelesen. Ich bin voll auf Zack. Level up quasi."*

Sybille, die Elternvertretung kommt durch die Tür, während Phil und Naima ihre Plätze einnehmen.

Sybille   *„Ok. Ich habe mich bei den Eltern umgehört und wir sind uns einig, dass es hier nicht nur um Spaß gehen kann. Die Rektorin hat mir gerade geantwortet und mir versichert, dass es auch ihr nicht nur um Spaß geht und dass sie natürlich nochmal eine genauere Begründung für die Gamification bereitstellen kann. Seitdem ist sie offline. Weiß jemand, wo sie sich gerade befindet?"*

© Der/die Autor(en), exklusiv lizenziert an Springer Fachmedien Wiesbaden GmbH, ein Teil von Springer Nature 2025
S. Körner et al., *Gamification im Unterricht*,
https://doi.org/10.1007/978-3-658-48447-7_3

Alle schütteln den Kopf.

Phil   „Habt ihr diesen Brief auf meinen Schreibtisch gelegt?"

Phil hält einen schweren Briefumschlag aus altem, bläulichem Papier in die Höhe, dessen Lasche mit Wachs versiegelt ist. Phil zuckt mit den Schultern und öffnet das Ding kurzerhand. Er liest die ersten Worte („Peter T. Crüger"). Seine Augen beginnen zu glänzen.

Phil   „Das ist ja fantastisch. Der Brief ist von Peter T. Crüger, einem richtigen Master-Gamificator. Er schreibt, dass er engagiert wurde, um uns beim Gamifizieren zu unterstützen, aber nicht viel Zeit habe. Deshalb hat er uns die wichtigsten Infos kurz aufgeschrieben."

Sybille   „Das trifft sich gut, zeig mal her. Vielleicht kann der Experte mir mal erklären, was hier passiert. Gamification: Was soll der Schabernack?" (Abb. 3.1)

Abb. 3.1   Brief von Peter T. Crüger. (Eigene Darstellung)

3.1   Was wir von Games lernen können

Videospiele sind populär, populärer als alle anderen zeitgenössischen Unterhaltungsformate. Vom Umsatz her betrachtet ist die Gaming-Industrie erfolgreicher als die Film-, Serien- und Musikindustrie zusammengenommen. Was vor gut 60 Jahren als Nischenmarkt gestartet ist, hat sich heute zu einem globalen Massenphänomen entwickelt. Über den Erdball verteilt „gamen" aktuell mehr als drei Milliarden Menschen. In Deutschland spielt jeder Zweite, und gut die Hälfte davon ist männlich.[1]

Der Erfolg moderner Videogames hat Schattenseiten. Studien zeigen, dass Videospiele süchtig (*siehe Glossar*) machen können (Paschall, 2015). Zentrale Genres leben geradezu davon, Gewalt (*siehe Glossar*) explizit darzustellen (Ybarra et al., 2022). Und wie alle kommerziell erfolgreichen Produkte, sind Videospiele ein Ausdruck moderner kapitalistischer Gesellschaften (Buck, 2017; Woodcock & Johnson, 2018). Für all das kann man Videospiele mit vernünftigen Gründen kritisieren. Die kritische Auseinandersetzung mit ihnen ist gerade in pädagogischen Kontexten unerlässlich. Dass man Videospiele kritisch sehen kann, ist jedoch kein Grund, sich nicht auch mit ihren Potenzialen auseinanderzusetzen. Das besondere Design von Videospielen, aus dem sich die Gamifizierung (engl.: Gamification) herleitet, ist so ein Potenzial.

Moderne Videogames schaffen es durch ihr Design, dass Menschen *gerne spielen*. Immer wieder. Es ist exakt dieser Punkt, der uns als Lehrkräfte und generell den Unterricht an Schulen beeindrucken könnte. Die Analogie wäre, dass unsere Schüler*innen im Unterricht *gerne lernen*, also motiviert sind und Spaß daran haben, in unseren Sport-, Deutsch-, Mathe-, Chemie-, Geschichtsunterricht etc. zu kommen und sich mit den dort gestellten Anforderungen und Aufgaben beschäftigen. Immer wieder.

Das große Argument der Gamification lautet: Das Design von Videogames gibt uns Hinweise, wie das geht. Videospiele sind Meister der Motivation. Wenn unsere Motivation darin besteht, einen Grund dafür zu haben, etwas zu tun, dann bedienen Games diesen Grund.

3.1.1 Motivation

Den beachtlichen Erfolg moderner Videospiele erklärt uns u. a. die aus der Psychologie stammende Selbstbestimmungstheorie (englisch: Self-

---

[1] https://de.statista.com/themen/1095/gaming/#topicOverview.

Determination Theory, SDT). Laut SDT haben wir Menschen drei zentrale Grundbedürfnisse, nach deren Erfüllung wir streben: das Bedürfnis nach Kompetenz, das Bedürfnis nach Autonomie und das Bedürfnis nach sozialer Eingebundenheit.

- Kompetenz meint, dass wir Leistungssituation erleben, in denen wir „es drauf haben".
- Autonomie meint, dass wir Entscheidungssituationen erleben, in denen wir ein Wörtchen mitzureden haben und merken, dass Verlauf und Ergebnis von unseren Entscheidungen mitbestimmt werden.
- Soziale Eingebundenheit meint, dass wir soziale Situationen erleben, in denen wir uns in Beziehung zu anderen Menschen anerkannt und wertgeschätzt fühlen.

Werden diese drei Bedürfnisse erfüllt, sind wir motiviert. Dabei gilt: Je mehr wir uns als autonom, kompetent und sozial eingebunden erleben, desto motivierter sind wir (Abb. 3.2). Wie Ryan et al. (2017) in einem vielbeachteten Artikel aufzeigen, liegt der *„motivational pull"* moderner Videospiele exakt darin begründet, dass sie uns auf der evolutionär tief verdrahteten Ebene dieser drei Grundbedürfnisse abholen. Denn es gehört zu den Standardmerkmalen moderner Games, dass sie

SELBSTBESTIMMUNGS THEORIE

soziale Eingebundenheit

Kompetenz   Autonomie

Deci, E. L., & Ryan, R. M. (2000). The "what" and "why" of goal pursuits: Human needs and the self-determination of behavior. *Psychological Inquiry, 11*(4), 227–268.

Nichtbeachtung bringt Verderben

Abb. 3.2 Selbstbestimmungstheorie

- variable Freiheitsgrade bei der Auswahl von Aufgaben, Schwierigkeits-graden sowie bei der Gestaltung von Lösungswegen ermöglichen und somit Raum für autonome (*siehe Glossar*) Entscheidungen bieten,
- über Feedbackmechanismen verfügen, welche direkt akustisch, op-tisch und/oder haptisch zurückmelden, ob eine Entscheidung und Handlung funktional gewesen ist und damit ein Kompetenzerleben unterstützen (*siehe Glossar*),
- vor allem im Multiplayer-Modus Räume für soziale Interaktionen bereitstellen, innerhalb derer sich Gamer (*siehe Glossar*) als sozial ein-gebunden erleben (*siehe Glossar*).

Viele Menschen gamen gerne, weil sie sich dabei als kompetent, auto-nom und sozial eingebunden erleben. Für die hier zu errichtende Brücke zwischen Videogames und Schulunterricht ist zudem entscheidend, dass beim Spielen noch etwas Weiteres passiert: Wir lernen.

Neben Motivation liegt im Lernen das entscheidende Argument dafür, sich von Games etwas für seriöse Kontexte wie jenen schulischer Bildung abzugucken. Wenn wir uns fragen, was wir als Lehrys von Videospielen lernen können, so lautet die Antwort also: Wir können uns abgucken, wie Games es schaffen, dass man lernt, während man spielt.

3.1.2 Spielen und lernen

Spielen und Lernen stehen in einem Zusammenhang. Beobachten wir Kleinkinder beim Spielen, sehen wir, dass sie dabei gelegentlich Dinge verwenden, die für etwas stehen, was gerade nicht da ist – wohl aber in der Vorstellung. In der kindlichen Vorstellungswelt kann etwa ein Be-senstiel zu einem Pferd werden, auf dem man reiten und springen kann. Das symbolische Spiel, indem ein Besenstiel mit einem „realen" Lebe-wesen und dessen Merkmalen verknüpft werden, ist typisch für die frühe Kindheitsphase. Der Schweizer Entwicklungspsychologe Jean Pia-get erkennt im frühkindlichen Spielen eine zentrale kognitive Lernphase (Piaget, 2013).

Dass Spielen und Lernen in der Individualentwicklung im Zusam-menhang stehen, ist wissenschaftlich unstrittig. Wer Fußball spielt, lernt zu passen (Lex et al., 2022). Wer Schach spielt, lernt die Rochade – und verbessert sogar seine mathematischen Fähigkeiten (Kazemi et al., 2012). Studienergebnisse legen nahe, dass kreative Menschen in ihrer frühen Kindheit viel Zeit damit verbracht haben, spontan und frei zu spielen (Brown & Vaughan, 2010).

Versteht man Lernen vom Ergebnis her als gezielt und dauerhaft abrufbare Veränderung des Verhaltens (Kantak & Winstein, 2012), dann gehen Spielen und Lernen auch in Videogames Hand in Hand. Spielt man Mario Bros zum ersten Mal, versteht man sofort, dass man mit der Spielfigur laufen und springen muss. Dabei sammelt man Punkte, vielleicht aber fällt man zu Beginn auch in einen Abgrund. Oder man wird von einer Schildkröte aus dem Spiel genommen. Spielt man weiter, stellt man schon nach wenigen Minuten Fortschritte fest: Das schnelle Laufen und gezielte Springen, um Punkte zu sammeln, Gegner zu plätten oder Schluchten zu überqueren, geht bereits leichter von der Hand als noch zu Beginn des Spiels. Populäre Videospiele sind so designt, dass man fortlaufend dazulernt.

Gute Videospiele sind „sticky" (Rowe et al., 2017, S. 490). Man bleibt hängen. Es kommt zur ausdauernden Interaktion mit ihren Inhalten und Aufgaben. Das liegt nicht zuletzt daran, dass Videospiele uns Autonomie, Kompetenz und soziale Eingebundenheit erleben lassen. Darin liegt die motivationale Zugkraft von Games, die sie zugleich zu „powerful formative assessments of learning" (Rowe et al., 2017, S. 491) werden lässt. Das Lernen in Games geschieht nebenbei, implizit. Und es ist robust, weil es grundsätzlich im eigenen aktiven Tun erworben wird.

Das Lernen in Videospielen entspricht damit dem, was man mit Popper (1981) als Scheinwerfer-Modell (englisch: Searchlight Theory, *siehe Glossar*) des Lernens bezeichnen könnte. Anders als im Eimer-Modell (englisch: Bucket Theory), in der wir für bekannte Aufgaben gegebene Lösungen nachmachen, nutzen wir im Scheinwerfer-Modell unsere eigenen Voraussetzungen für die aktive Suche nach passenden Lösungen. Für gestellte Aufgaben kreieren wir eine Spielwelt, erkunden Lösungen auf der Basis unserer Erwartungen, scheitern und wählen die nächste Lösungsmöglichkeit. Im praktischen Handeln eliminieren wir die „falschen" Hypothesen und bleiben bei den erfolgreichen Verhaltensweisen hängen. In Videospielen sind wir der *Scheinwerfer*. Wir lernen praktisch aus Fehlern. Das Lernen durch Spielen entspricht einem aktiven, letztlich nur durch den Lerner selbst hervorgebrachten Vorgang der dauerhaften Verhaltensanpassung (Piggott, 2008).

Zahlreiche Bildungskontexte haben das besondere Lernpotenzial von Computerspielen längst erkannt. Das Genre der Serious Games (*siehe Glossar*, Anderie, 2023; Korn et al., 2022; Landers et al., 2017) sowie das Konzept des Game-based Learning (*siehe Glossar*, Anastasiadis et al., 2018; Kogan, 2023; Le et al., 2013; Nuss & Kogan, 2017) setzen hier an. Die Idee ist, *durch* das Spielen mehr oder weniger indirekt „ernste" und pädagogisch „wertvolle", z. B. schulische Lernziele zu erreichen, ggf. sogar besser als mit herkömmlichen Ansätzen. Im Kern geht es darum, Games gezielt als Lernmedium einzusetzen. In einer Art Pädagogik der gewollten Nebenwirkung (Treml, 2000) besteht der Trick darin, Lernumgebungen so zu gestalten, dass das Spielen als vordergründige Handlung im Hintergrund zum pädagogisch gewünschten Lernen führt.

In dem mobile Adventure-Spiel *The Unstoppables* (2015, Stiftung Cerebral) z. B. lösen vier Freunde, die jeweils eine andere Beeinträchtigung haben, gemeinsam einen Kriminalfall. Dabei begegnen sie herausfordernden Alltagssituationen, die sie nur gemeinsam bewältigen können. Das Spielen von *The Unstoppables* fördert auf unterhaltsame Weise das Verständnis für die Alltagsprobleme von Menschen mit Beeinträchtigung. Die Idee ist, dass man das *im* Spielen anders lernt als durch einen Vortrag oder Aufsatz *über* Menschen mit Beeinträchtigung.

Die Wirkung von Serious Games ist gut untersucht. Der Systematic Review von Connolly et al. (2012) umfasst 129 Studien, die positive Wirkungen von *Serious Games* vor allem im Bereich des Wissenserwerbs aufzeigen. In einem Folgereview stützen Boyle et al. (2016) den Befund von Connolly et al. (2012) auf der Grundlage weiterer 143 Studien. Beide Überblicksarbeiten sind im Übrigen auch deshalb lesenswert, weil sie ebenfalls die Schwächen einzelner Studien thematisieren. Serious Games arbeiten in erster Linie mit „fertigen" digitalen und analogen Spielen als Lernwerkzeugen. Im Unterschied zu ihnen besteht der Ansatz der Gamifizierung darin, Lernumgebungen mit Ideen und Konzepten zu gestalten, die beim Design von Computerspielen angewendet werden.

3.2 Gamifizierung als Design

Im Design zahlreicher Videogames spielen u. a. Punkte, Ranglisten und Abzeichen eine zentrale Rolle. Gamifiz*ierung* besteht darin, Punkte, Ranglisten und Abzeichen in Kontexten einzusetzen, in denen es primär nicht ums Gamen geht, sondern um andere, für den jeweiligen Kontext zentrale Dinge. Schule und Unterricht zählen zu jenen Orten, von denen wohl niemand behaupten würde, dass es in ihnen primär darum geht, dass Schülys spielen. Eine Schulstunde in Geschichte und Mathematik, ja selbst in Sport, sind bei genauer Betrachtung ziemlich ernste Angelegenheiten. Hier geht es um relevante Inhalte, curriculare Lernziele, Kompetenzentwicklung, Hausaufgaben, Noten, Versetzung und Zukunftschancen.

Auf den ersten Blick passen Schule und Games nicht direkt zusammen. Bedenkt man allerdings die zentrale Rolle, die die Motivation von Schülys – und Lehrys – für die alltägliche Arbeit an und mit schulischen Inhalten, Zielen und Vorgaben besitzt, rückt der Zusammenhang näher. Kapp definiert als Ziel von Gamification, „to engage people, motivate action, promote learning, and solve problems" (Kapp, 2012, S. 10). Schule und Unterricht dürften diese Zielsetzungen wohl auch als die eigenen anerkennen. Hat niemand Lust auf Chemie, fällt das Lernen (und Lehren!) schwer. Lernprobleme wiederum ziehen dann in der Regel auch Probleme bei Leistungsüberprüfungen nach sich.

Gamification setzt hier an. Im Kern geht es darum, sich das Design moderner Videospiele anzugucken, die verwendeten Konzepte und Ideen und das darin steckende „game thinking" (Kapp, 2012, S. 11) zu verstehen, und auf den eigenen Kontext zu übertragen. Das „ung" in Gamifizierung verweist auf diesen Vorgang der Übertragung vom Herkunfts- (Game) auf den Zielkontext (Nicht-Game). Gamifizierung können wir uns dabei hilfsweise als Haus vorstellen: Game-Design *Modelle* bilden die Baupläne, Game-Design *Prinzipien* die Etagen, Flure und Zimmer, und Game-Design *Elemente* die einzelnen Türen, Wände und Bausteine in diesem Haus. Gehen wird das Ganze der Reihe nach durch.

3.2.1 Elemente

Auf der Ebene der Elemente macht das Game-Design zahlreiche Angebote (Buckley & Doyle, 2016; Butler & Spoelstra, 2023; Kalogiannakis et al., 2021; Ortiz-Rojas et al., 2019). Die Gamification-Taxonomie von Toda et al. (2019, Abb. 3.3) gibt hierzu einen umfassenden Überblick. Darin enthalten sind u. a. Leaderboards, Punkte, Level, Challenges, Wahlmöglichkeiten oder Zeitdruck. Die jeweilige Funktion, die einzelne Design-Elemente und ihre Kombination in Videogames haben, kann man sich auch für einen zu gamifizierenden Kontext zu eigen machen.

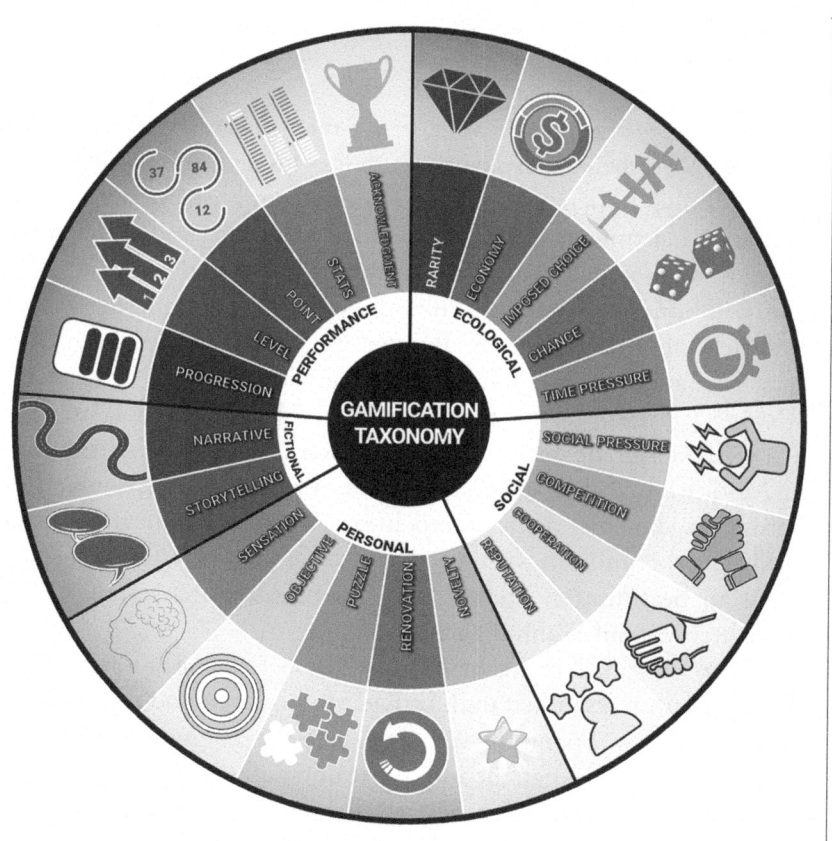

Abb. 3.3 Gamification-Taxonomie nach Toda et al. (2019)

Spielen wir direkt ein wenig damit herum. Wie könnte eine Übertragung auf Unterricht aussehen und begründet sein? Setzen wir im Unterricht z. B. *Wettkämpfe* als Element von Gamifizierung ein, stellen wir damit die Sozialdimension (Schüly versus Schüly, Team versus Team) in den Mittelpunkt. Wir lassen einzelne Schülys oder Teams gegeneinander antreten. Begründet wäre dies vielleicht durch die Annahme, dass Konkurrenz die Leistungsbereitschaft stimuliert. Dabei könnten wir weitere Elemente andocken. Wir könnten *Wahlmöglichkeiten* z. B. in Bezug auf den Schwierigkeitsgrad von Aufgaben anbieten, *Zeitlimits* einbauen, *Punkte* vergeben, und Leistungen mittels *Ranglisten* sichtbar und vergleichbar machen. Für die Nutzung eines jeden Elements sind die pädagogischen Begründungen und die darin steckenden Annahmen entscheidend, z. B.:

- *Punkte* zu vergeben macht Sinn, wenn man Leistungen hervorheben möchte. Wir gehen dabei davon aus, dass es für einzelne Schüler*innen oder Schülygruppen wichtig und motivierend ist, wenn ihre besonderen Leistungen besonders sichtbar gemacht und repräsentiert werden. Ferner gehen wir vielleicht davon aus, darin eine Form von Belohnung zusehen, die zukünftige Leistungen motivieren wird. Vielleicht aber sehen wir die Punktevergabe als stumpfe Verhaltensverstärker auch kritisch und verzichten auf sie.
- *Wahlmöglichkeiten* anzubieten macht Sinn, z. B. in Bezug auf Aufgaben, Schwierigkeitsgrade oder Lösungswege, wenn man von Unterschieden in Motivation, Fähigkeiten, Interessen, Wissen und Ressourcen der Lernys ausgeht, aber dennoch möchte, dass möglichst alle mitmachen. Vielleicht aber müssen wir im Rahmen einer gamifizierten Lernumgebung an bestimmten Stellen auch Standards durchsetzen – dann verzichten wir auf Wahlmöglichkeiten.
- *Zeitlimits* einzubauen macht Sinn, wenn wir davon ausgehen, dass diese die Aufmerksamkeit und Aktivität fokussieren und das „Arbeiten unter Zeitdruck" Spannung erzeugt. Vielleicht sehen wir in Zeitlimits aber auch Bremsfaktoren für ausgereifte und tiefgründige Ideenbildung und Umsetzung. Wenn das so ist, verzichten wir auf sie.

Um dem Wettkampf einen „Grund" zu geben, können wir diesen z. B. noch in eine Erzählung einbetten. Beim Thema „Rolle-rückwärts" im Sportunterricht könnte es z. B. darum gehen, dass nur mit ihr der Zugang zu einer „strangen" Parallelwelt möglich ist: Schaffen es die Teams in einem Wettkampf-Parcour am Ende der Stunde, ihre Mitglieder in diese Welt zu bringen? Welches Team ist schneller? Im Deutschunterricht müssen die entscheidenden Fakten und Argumente für ein schulisches Bio-Beet ermittelt und zusammengestellt werden. Die Schulversammlung steht unmittelbar bevor. Welche Gruppe erstellt das fundierteste Plädoyer? Die Uhr tickt…

Genauso aber könnten wir das Element der *Kooperation* in den Mittelpunkt stellen und von einer passenden Geschichte rahmen lassen usw. Jedes der Design-Elemente kann so durchdacht werden: Was ist die Funktion? Welche Annahmen transportiert das Element? Inwiefern ist sein Einsatz für meine fachlichen Inhalte und pädagogischen Ziele sinnvoll? Die fachlich-pädagogische Kontextualisierung ist der Schlüssel für den begründet-sinnhaften Einsatz von Game-Design Elementen in gamifizierten Lernumgebungen.

Wir wissen aus Untersuchungen zur Gamification, dass einzelne Elemente noch keine gelungene Gamifizierung machen (Butler & Spoelstra, 2023; Grabner-Hagen & Kingsley, 2023; Groening & Binnewies, 2021; Kwon & Özpolat, 2020). Bei einer Task-Manager App z. B. hatte die Belohnung durch Punkte eine nichtbeabsichtige Wirkung: Statt zur strukturierten Erledigung von Aufgaben kam es zur Prokrastination (Diefenbach & Müssig, 2018).

Für die pädagogische Nutzung von Design-Elementen für das Unterrichten ist ein Denken und Planen in *Zusammenhängen* erfolgversprechender. Kapp nennt das „Game-thinking" (Kapp, 2012, S. 11) und betont, dass es sich dabei um das „perhaps most important element of gamification" handle. Game Thinking besteht im weitesten Sinne darin, jeweils zu gamifizierende Inhalte, Aktivitäten und Ziele aus einer übergreifenden Game-Perspektive zu durchdenken. Dabei kann ein Fokus auf den Einsatz sinnvoll kombinierter Elemente gesetzt werden.

Vom Ziel her betrachtet geht es bei der Gamifizierung in den Kontexten von Schule und Unterricht darum, das Lernen als *freud- und bedeutungsvollen* Zusammenhang von Erleben und Erfahren zu gestalten. Für uns resultiert daraus die Frage: *Wie*, d. h. mit welchen abgestimmten Elementen, lässt sich das Lernen im Kontext so gestalten, dass wir mit einer positiv unterstützenden Wirkung auf Motivation und Lernen rechnen können? Bei dieser Frage bringen uns Design-Prinzipien auf weitere Ideen. Mit ihrer Unterstützung können wir aus den Bausteinen passende Zimmer bauen.

3.2.2 Prinzipien

In Anlehnung an Pallesen möchten wir vier zentrale Design-Prinzipien vorstellen, die aus unserer Sicht das Game Thinking bei der Gestaltung eines gamifizierten Schulunterrichts fördern können: „Meaningful Play", „Feedback", „Gameplay Balance" und „Flow" (2013, S. 2 ff.). Diese Prinzipien integrieren verschiedene Design-Elemente und lassen sich wie folgt beschreiben:

- *Meaningful Play (siehe Glossar)*: Lernen wird so gestaltet, dass die Entscheidungen und Handlungen der Lernenden eine spürbare Bedeutung haben und den Verlauf der Ereignisse beeinflussen. Ähnlich wie in Videospielen, beispielsweise bei Mario Bros, wo die Wahl, einen Abstecher ins Sternenfeld zu machen oder direkt den Zielpfad anzuspringen, Konsequenzen hat. Durch die Sichtbarkeit des Einflusses eigener Entscheidungen erfahren Lernende, dass ihr Handeln einen Unterschied macht, was wiederum ihr Selbstkonzept und ihre Selbstwirksamkeit stärkt (Bong & Skaalvik, 2003). Gamifizierte Lernumgebungen, die sich an diesem Prinzip orientieren, legen besonderen Wert darauf, dass Entscheidungen und Handlungen bedeutsam sind.
- *Feedback (siehe Glossar)*: Lernen wird so gestaltet, dass die Lernenden direktes, prozessbezogenes Feedback zu ihren Entscheidungen und Handlungen erhalten. Dieses Feedback kann aus den Aufgaben selbst resultieren, indem es visuell, akustisch oder durch spürbare Rückmeldungen vermittelt wird, ob eine Handlung passend war – wie

bei einem Punktestand oder Timer in einem Videospiel. Feedback und Meaningful Play hängen eng zusammen, da Feedback die Bedeutung individueller Entscheidungen verstärkt. Studien zeigen, dass prozessbezogenes Feedback besonders motivierend und lernförderlich ist (Glerum et al., 2019; Gunderson et al., 2013; Hanham et al., 2019; Hattie & Timperley, 2007; Limeri et al., 2020). Gamifizierte Lernumgebungen sollten daher bewusste Mechanismen zur Rückmeldung als Design-Elemente integrieren.

- *Gameplay Balance (siehe Glossar)*: Lernen wird so gestaltet, dass Anstrengung, Einsatz und die Bereitschaft, Risiken einzugehen, einen gerechten Einfluss auf den Verlauf und das Ergebnis haben. Zum Beispiel geht mit der Entscheidung, eine Abkürzung zu nehmen, eine höhere Schwierigkeit und damit auch ein höheres Risiko einher. Dadurch entsteht auch Spannung. Gelingt der risikoreiche Ansatz, motiviert dies zusätzlich. Im Stadium fortgeschrittener Expertise muss nach dem Gesetz des abnehmenden Grenznutzens für immer kleinere Fortschritte immer mehr qualitativ hochwertiger Einsatz erfolgen (Blanch et al., 2017; Scully, 2000). Ein für die Anwendung auf „ernste" Lernumgebungen ganz zentraler Aspekt, der Videogames generell kennzeichnet, tritt im Prinzip der *Gameplay Balance* deutlich hervor: Scheitern und wiederholtes Scheitern sind beim Spielen völlig in Ordnung. Mehr noch: Scheitern und Fehler machen sind ausdrücklich erwünscht. Denn dadurch wird gelernt. Gaming ist „the art of failure" (Juul, 2013). Gescheiterte Anläufe sind nicht nur „central to the enjoyment of games" (ebd., S. 7), sondern auch zentral für das Lernen. Orientieren sich gamifizierte Lernumgebungen am Prinzip des Gameplay Balance, dann sind u. a. Wahlmöglichkeiten, gestufte Belohnungen und schnelle Neustartoptionen nach gescheiterten Anläufen zentrale Design-Komponenten.
- *Flow (siehe Glossar)*: Lernen wird so gestaltet, dass die Lernenden Gelegenheiten haben, im Tun aufzugehen. Dies geschieht durch Aufgaben, deren Schwierigkeitsgrad leicht über den aktuellen Fähigkeiten liegt. Unterforderung führt zu Langeweile, Überforderung zu Frustration. Lernen Menschen in einem Bereich, in dem fordernde Aufgaben zu den (erwarteten) Kompetenzen passen, *fließt* das Handeln. Sie werden zum Weitermachen motiviert – selbst bei Rückschlägen.

Praktisch bedeutet dies, dass Aufgaben mit unterschiedlichen Schwierigkeitsgraden entwickelt werden, die Lernende selbst wählen können. Variabilität im Schwierigkeitsgrad und eine Anerkennung individueller Voraussetzungen sind zentrale Elemente, um den Flow in gamifizierten Lernumgebungen zu ermöglichen. Auch und gerade dann, wenn diese scheitern. Ein gut balanciertes Verhältnis von Anforderungen und Fähigkeiten motiviert dazu, die Lösung der Aufgabe fortzusetzen – denn bei jedem nächsten Mal könnte es klappen. Das Flow-Konzept impliziert, dass Lernys unterschiedliche Voraussetzungen mitbringen. Darauf folgt praktisch für das Design von Lernumgebungen, dass man für das Lernen einer bestimmten Fähigkeit Aufgaben mit unterschiedlichen Schwierigkeitsgraden entwickelt und diese selbstbestimmt wählen lässt. Im Sport und in anderen Bereichen ist *Flow* (Csíkszentmihályi, 1985) mit einem Lernen im *Sweet Spot* (Coyle, 2009) bzw. in einer *proximal zone of development* (Vygotsky, 1978) assoziiert. Das pädagogische Konzept unterrichtlicher Binnendifferenzierung dokumentiert, wie wichtig es ist, in Anerkennung heterogener Voraussetzungen diese im Design lernbezogener Aufgaben zu berücksichtigen (Klippert, 2017). Orientieren sich gamifizierte Lernumgebungen am Flow-Prinzip, dann bilden u. a. variable Schwierigkeits- und Anstrengungslevel wichtige Design-Komponenten.

In der von uns vorgeschlagenen Interpretation von Game Thinking (*siehe Glossar*) geht es also darum, für die Gestaltung von Lernumgebungen das Set möglicher Game-Design-Elemente wie Punkte, Wettkampf oder Zeitdruck (Toda et al., 2019) auf der Ebene von Design-Prinzipien funktional zu durchdenken. Prinzipien wie *Meaningful Play*, *Feedback*, *Flow* und *Gameplay Balance* bieten hierfür mögliche Bezugspunkte.

Mit ihnen lassen sich Auswahl und Einsatz von Elementen auf lerntheoretisch und empirisch sinnvoll begründbare Funktionen beziehen. Graduell nach Schwierigkeit differenzierte Aufgaben berücksichtigen heterogene Voraussetzungen des Lernens und bieten motivierende Lernchancen, die man sich zutraut. Hierfür können Level, Wettkämpfe, Zeitdruck, Fortschritt, Wahlmöglichkeiten etc. sinnvoll abgestimmt zum Einsatz kommen (Abb. 3.4). Bedeutungsvolle Handlungen ver-

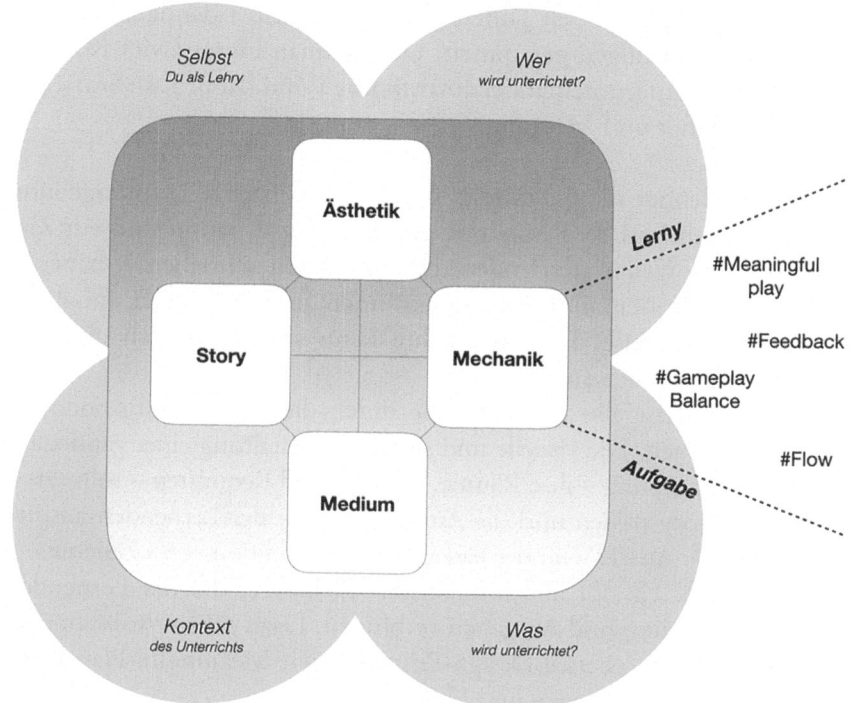

Abb. 3.4 Modifizierter Bauplan nach Schell (2009)

ändern den Verlauf, den Fortschritt, die Geschichte, den Punktestand usw. Wird dies in der Lernumgebung sichtbar, erleben sich Lernys als selbstwirksam.

Für das Design unseres Unterrichts können wir noch einen Schritt weiter gehen und der Verwendung von Elementen und Prinzipien das Modell eines bewährten Bauplans an die Hand geben.

3.2.3 Modell(e)

Das hier vorgestellte Bauplanmodell kommt von Schell (2009). Schell ist Game-Designer. Natürlich existieren viele andere Baupläne (Hunicke et al., 2004; Villegas et al., 2019). Den Vorschlag von Schell wählen wir aus einfachem Grund: Seit Jahren arbeiten wir selbst damit und haben dabei gute Erfahrungen gesammelt. Der Bauplan umfasst vier Komponenten, die stimmig aufeinander abzustimmen sind (Abb. 3.4): Story, Ästhetik, Mechanik und Medium.

- *Story* bezeichnet die Erzählung, die eine gamifizierte Lernumgebung trägt. Sie umfasst eine Mission, eine Ausgangssituation und ein Ziel (z. B. „Die Welt retten" oder „Ein Drehbuch schreiben"), benennt Protagonist*innen und Antagonist*innen und beinhaltet mögliche Handlungsverläufe. Die Geschichte kann sowohl einfach als auch komplex gestaltet sein.
- *Ästhetik* umfasst alle Elemente, die durch die Sinne wahrgenommen werden können. Die visuelle und sinnliche Gestaltung einer gamifizierten Lernumgebung – ihre Räume, Objekte und Requisiten – sollte zum Plot der Story passen und die Aufmerksamkeit der Lernenden ansprechen. Dieser Ansatz folgt der pädagogischen Tradition von Comenius.
- *Mechanik* beschreibt alle interaktiven Elemente, die die Lernenden mit den Inhalten und Aufgaben verbinden. Dazu zählen insbesondere die zuvor beschriebenen Design-Prinzipien wie Meaningful Play, Feedback, Gameplay Balance und Flow.
- *Medium* umfasst die technologische und materielle Infrastruktur, die für das gamifizierte Lernen notwendig ist. Dies kann alles von einem Blatt Papier über HDMI-Adapter bis hin zu einer Stoppuhr einschließen.

Schells Gamifizierungs-Bauplan (*siehe Tools*) gibt uns einen wichtigen Tipp für den Hausbau: Für die erfolgreiche Gestaltung einer Gamification ist es wichtig, alle vier Komponenten zu berücksichtigen und diese sinnvoll aufeinander abzustimmen. Eine Geschichte, die auch ästhetisch transportiert wird, ist wirkungsvoller als eine ohne entsprechende sinnliche Repräsentation. Eine tolle Mechanik ist ggf. noch funktionaler, wenn der Grund für die Bearbeitung einer Aufgabe in eine rahmende Geschichte eingebettet ist. Die Ästhetik eines Auftrags kommt nur dann zur vollen Geltung, wenn die Präsentationstechnik funktioniert.

In Abb. 3.5 haben wir dem Bauplan der Gamifizierung, der in die Wie-Dimension des Unterrichtens fällt, weitere Entscheidungsfelder aus dem Modell Professionellen Unterrichtens (siehe Kap. *1*) unterlegt und am Bei-

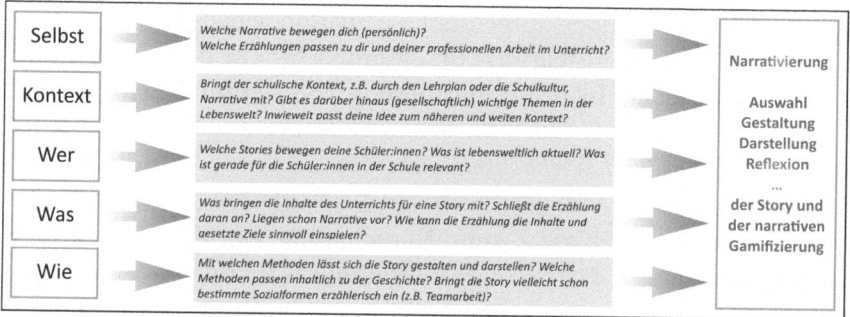

Abb. 3.5 Orientierung zur Narrativen Gamifizierung mithilfe des Modells Professionellen Unterrichtens (MPU)

spiel der Story bzw. Narrativierung durchgespielt. Während Schells vier Komponenten den *Zusammenhang* der Gamification deutlich machen, betont das unterlegte MPU, dass die Gamifizierung dabei relevante Inhalte, Lernvoraussetzungen, Kontextbedingungen sowie das eigene Lehrverständnis zu berücksichtigen hat. Game Thinking (*siehe Glossar*) beinhaltet ein Durchdenken der Lehre auf mehreren zusammenhängenden Ebenen. Gamifizierung wird damit zu einer anspruchsvollen Denkoperation.

Als Arbeitsdefinition für dieses Buch können wir somit formulieren: *Gamifizierung ist die Übertragung von Elementen, Prinzipien und Modellen aus dem Game-Design auf den Unterricht an Schulen, mit dem Ziel, Schüler*innen für die jeweiligen Inhalte, Aufgaben und Ziele zu engagieren, sie zu motivieren und ihren Lernprozess zu unterstützen.* Schließlich möchten wir noch eine, bei Schell angelegte und unseres Erachtens besonders beachtenswerte Komponente der Gamifizierung hervorheben: die Story. Wir behaupten, dass sich das Design gamifizierter Lernumgebungen vor allem die Wirkung von Geschichten zu eigen machen kann.

3.3 Level up! Narrative Gamifizierung

Größere Geschichten oder Schnipsel von größeren Erzählungen tauchen im Unterricht immer und wieder mal auf: Textaufgaben in Mathematik fordern Rechenwege in einem erzählerischen Kontext ein; fiktive Situationen im Fremdsprachenunterricht bilden einen Anlass, das Erlernte in eine mehr oder minder authentische Situation einzuspielen; eine inspirierende Erzählung stellt den Bezugspunkt für ein Bewegungstheater im Sportunterricht. In der Gamifizierung von Lernumgebungen stellt eine passende Story, in der fiktive und reale Bezüge ineinandergreifen können (*Fiktion und Wirklichkeit, siehe Glossar*), ein zentrales Merkmal dar (Schell, 2009). Mit der narrativen Gamifizierung (Körner, 2024) wird dieses Merkmal sogar zum Knotenpunkt für die übrigen Entscheidungen gesetzt. Narrative Gamifizierung richtet die Gestaltung des gamifizierten Lerndesigns insbesondere an der Erzählung aus.

Eine Narrative Gamifizierung (Körner, 2024) bedeutet also nicht, dass andere Game-Elemente und Prinzipien an Bedeutung verlieren. Stattdessen geht es darum, übrige Entscheidungen bei Mechaniken, Ästhetiken und Medien an der Erzählung auszurichten. Die Story soll sich in der Auswahl und Gestaltung der Mechaniken widerspiegeln, in der ästhetischen Aufbereitung berücksichtigt werden und auf technologische Möglichkeiten zurückgreifen.

Das hat gute Gründe. Unsere Aktionen in Spielen laufen ja nicht immer darauf hinaus, zu laufen, dann zu springen, dann wieder zu laufen, kurz zu kämpfen und irgendwann nach dem letzten Kampf ans Ende zu gelangen – vielleicht auch mal das. Davon abgesehen springt Spielende allerdings an vielen Stellen eine Geschichte an und treibt sie überhaupt erst zum Handeln. *Die Prinzessin wurde von einer Riesenschildkröte entführt, wir müssen Sterne sammeln, um sie zu beschützen!* (Super Mario 64, Nintendo); *Du bist in einer blockhaften Sandbox gelandet, musst dir eine Zuflucht bauen und die Welt erkunden!* (Minecraft, Mojang AB. TM Microsoft Corporation); oder *die Supererde wird von Monstern und Robotern bedroht, verteidigt und erobert die Planeten der bekannten Galaxy!* (Helldivers 2, PlayStation Publishing LLC).

Eine Story kann den Rahmen setzen für das, was beim Spielen eigentlich passiert und von Spielenden gefordert ist. Erzählungen bieten einen Kontext und geben dem Handeln (des Avatars) einen Sinn, der nicht im Spielen selbst liegt oder liegen muss: Es wird gerettet, verteidigt, bebaut, betrogen, verhandelt, gelernt oder was auch immer. Als Meaningful Play (Pallesen, 2013; Schell, 2009) ist das Spielen sinnvoll und bedeutsam, und eine Story kann einen Rahmen für diese Bedeutung schaffen.

Die Narrativierung kann darauf aufbauen, dass Geschichten grund-sätzlich für Menschen von Bedeutung sind. Menschen handeln und ver-orten sich in der Welt mithilfe von Erzählungen (McAdams, 1997). Er-zählungen kontextualisieren Geschehnisse und strukturieren Erfahrungen in einen Zusammenhang. Erlebnisse oder Informationen erfahren über Erzählungen eine kohärente Organisation: Es wird nicht einfach ein Stern gefunden, sondern dieser Stern ist ein wichtiger Baustein auf unserer Ret-tungsmission! Erzählungen bilden also einen Rahmen für menschliches Handeln und sie prägen Emotionen und Aufmerksamkeit. Menschen er-zählen Geschichten über sich selbst und Geschehnisse. Beispielsweise set-zen narrative Lernansätze auch deshalb an Erfahrungen von Lernenden an (Clark & Rossiter, 2008).

Als Erzählung oder Repräsentation von einem Ereignis oder nachfol-genden Ereignissen (Abbott, 2008; Shenhav, 2015) stellen Narrative also einen Kontext bereit, in dem Handlungen und Geschehnisse individuell und sozial verortet und interpretiert werden. Beim Spielen führen Erzäh-lungen damit in eine „storyworld" (Shenhav, 2015, S. 34) – also jene Welt, die die Narration hervorruft. Computer- und Videospiele nutzen dafür natürlich unterschiedliche mediale Aufbereitungen im Gamedesign und den technologischen Möglichkeiten. Dazu bestehen verschiedene Überlegungen und Positionen dazu, inwieweit das Spielen oder die Story im Vordergrund stehen sollte (Arsenault, 2006; Jenkins, 2007). Un-bestreitbar bleibt, dass viele Video- und Computerspiele über eine spezi-fische Story verfügen, manche für dieses Storytelling auch ausgezeichnet werden, beispielsweise in der Kategorie *Best Narratives* der Game Awards (The Game Awards & Keighley, 2024).

Als Kontext des Spielhandelns kann eine packende Erzählung dazu führen, im Spiel mit dem Spiel zu interagieren und das Spiel immersiv zu erleben: Die Story fordert ein, macht das persönliche Handeln und die Entscheidungen relevant, *und* das Spielhandeln hat Effekte in dieser Spielwelt! Für Motivation ist diese Immersion in Spielwelten ein wichti-ges Potenzial (Rigby & Przybylski, 2009; Ryan et al., 2006), denn das Handeln im Spiel kann als selbstbestimmt und bedeutsam erlebt werden und Möglichkeiten zur Identifikation bereitstellen. Das ist auch für Lern-motivation von Vorteil. Im Spielen wird allerdings nicht das Lernziel gesetzt und dann verfolgt, sondern das Spiel gespielt und womöglich die Story gesetzt. Lernen ist dann beiläufig oder findet innerhalb des Relevanzrahmens der Geschichte statt.

Die meisten Schüler*innen kommen wohl selten in die Schule in der Annahme, Geschichten zu hören oder lesen; und die meisten Lehrkräfte starten ihren Tag wohl nicht (nur) mit dem Anspruch, solche Geschichten zu erzählen. Wahrscheinlich gibt es solche Tage schon. In Schule und Unterricht spielen aber auch unterschiedliche Narrative zum Lernen eine Rolle: *Lernen fürs Leben, Lernen für die Zukunft, Lernen für die Klausur, Lernen für…?* Und natürlich gibt es Erzählungen über das Schulleben, die abseits des Lernens Themen aufgreifen. Schule als Orte sozialer Begegnungen in Klassenraum, Pausenhof, Lehrzimmer, Schulfest und vieles mehr. Individuell und schulorganisatorisch mag es eine Vielfalt an Narrativen geben, die täglich und in unterschiedlichen Situationen subjektiv relevant sind, auch im Unterricht. Die Story der Gamifizierung kann an solche realen Narrative anschließen, sie einbinden, modifizieren oder auch in gänzlich andere Kontexte werfen. Die Möglichkeiten sind dabei vielfältig.

Wer vor dem Versuch steht, den eigenen Unterricht zu gamifizieren und dabei eine packende Story für die Schülys einzubinden, begegnet der Suche nach narrativen Bezügen. Welche Story wird erzählt? Welche Rolle spielen die Schüler*innen in der Erzählung? Wie erzählt sich die Erzählung? In welchem Verhältnis stehen Fiktion und Wirklichkeit (*siehe Glossar*)? Letztlich gibt es für die möglichen Bezüge kaum Grenzen: Narrative Gamifizierung kann sich an vorhandenen Narrativen der Schule orientieren (vielleicht ein Leitbild) oder auch mit völlig fremdartigen Narrativen beginnen und diese auf das Unterrichtsziel hin gestalten. Die Auswahl von Bezügen für die Narrativierung ist damit frei und dennoch nicht ohne: Denn es kann gute Gründe geben, sich für das eine oder für etwas anderes zu entscheiden, sowohl beim Inhalt als auch der Darstellung der Story. Ein paar Parameter zur Orientierung und als Möglichkeit, die Entscheidung zu reflektieren, bietet das Modell des Professionellen Unterrichtens (Abb. 3.5).

Wichtig ist die Überlegung, warum welche Erzählung in welchem Unterrichtsetting und -ziel genutzt wird und wie sie gestaltet wird. Schließlich verfolgt die Story in der Gamifizierung von Unterricht nicht (nur) die Funktion, zu unterhalten. Für die Auswahl, Gestaltung und Darstellung der Erzählung lassen sich also verschiedene Überlegungen und Aspekte einbeziehen. Das Anliegen ist dabei recht klar: Die narrative Gamifizierung strebt ein gamifizierts Lerndesign an, in dem sich die Story durch alle Bestandteile und berücksichtigten Prinzipien zieht. Das Ziel liegt im Lernen. Die Narrativierung stellt für dieses Ziel des Lernens einen (hoffentlich) packenden, interessanten, instruierenden, motivierenden, erzählerischen Rahmen, mit dem sich Schülys im weitesten Sinne identifizieren können und der im und durch das Erlebnis der Story dazu anregt, sich im Lerndesign entdeckend zu bewegen. Dabei können fiktive und reale Bezüge kombiniert werden und die Grenzen zwischen Fiktion und Wirklichkeit verwischt werden (*Alternate Reality Game, siehe Glossar*).

Die Narrativierung ist natürlich kein Selbstläufer. Vielleicht ist die Story herausragend durchdacht und gestaltet, und zieht irgendwie trotzdem nicht bei allen – warum auch immer. Schließlich kann sie auch unterschiedliche Interpretationen hervorrufen (z. B. Yeshurun et al., 2017). Das ist dann ein Punkt, der sich reflektieren lässt mithilfe der unterschiedlichen Dimensionen im Modell professionellen Unterrichtens. Hat die Geschichte die Zielgruppe einfach nicht erreicht? Passte der Kern der Story nicht zu dem, was gerade in der Schule akut ist? Benötigt der Inhalt doch eine andere Aufbereitung? Hat die Erzählung die Schülys vielleicht verwirrt und dazu geführt, dass sie Fiktion von inhaltlichem Lerngehalt nicht mehr zu unterscheiden vermochten. Denn auch das kann vorkommen (Körner, 2024), schließlich kann als Schüler*in im Unterricht erwartet werden, dass die Lehrkraft da irgendwie gesicherte, wichtige Kenntnisse vermittelt. Ist die Story über die Astronaut*in wahr? Ist sie wichtig? Was aus der Erzählung soll eigentlich gelernt werden? Ist der Code zum Starten des Space-Shuttles klausurrelevant? Hier steht die Gestaltung vor der Herausforderung, narrative Anregung und inhaltliche Lernziele für die Schüler*innen unterscheidbar zu halten oder gemeinsam mit ihnen im Nachhinein zu reflektieren und zu sichern. Schließlich wird hier in pädagogischer Absicht faktisches in einem (teilweise) fiktionalen Rahmen eingespielt. Und Fiktion ist nun eben davon entbunden, (nur) Faktisches zu enthalten (Kablitz, 2013) – die Unterscheidung von Fakt und Mythos kann dabei auch ein Thema der Story selbst sein.

3.4 Funktioniert Gamifizierung?

Im Kontext didaktisch-methodischer Fragen nach dem *Wie* des Unterrichtens (Abb. *2.1*) erweitert Gamifizierung das Portfolio bestehender Modelle und Vorgehensweisen. Auffällig ist dabei die empirische Aufgeschlossenheit gamifizierter Lehr-Lern-Konzeptionen. Mit Blick auf die internationale Forschungslage sticht hervor, dass neben konzeptionell ausgerichteten Publikationen vor allem die empirische Wirkungsforschung eine zentrale Rolle spielt.

Für das Lernen an Schulen haben in den letzten Jahrzehnten vor allem die Arbeiten Hatties maßgeblich dazu beigetragen, die Wirkung verschiedener Lehrmethoden sichtbar zu machen und damit evidenzbasierte Ansätze für effektives zu identifizieren. In diesem Kontext wurde auch die Gamifizierung in der Variable „Gaming" betrachtet. Insgesamt wurden dabei 1985 Studien mit 193.615 Schülerinnen und Schülern über 43 Meta-Analysen ausgewertet. Im Ergebnis zeigen sich eine überwiegend positive Wirkung von Gamification auf die Lernleistungen (gewichteter mittlerer Effekt von Hedges's g = 0,41), wobei die Effektstärken je nach Fach und Studie variieren. Besonders starke Effekte, also positive Wirkungen gamifizierten Unterrichtens, wurden in Chemie (g = 0,73), Mathematik (g = 0,79) und Englisch (g = 0,70) beobachtet (*https://www.visiblelearningmetax.com/influences/view/gaming*).

Mit Blick auf aktuelle Meta-Analysen von Studien zur Wirkung von gamifiziertem Unterricht auf das Lernen bestätigt sich dieser Befund. Zeng et al. (2024) ermitteln auf der Basis von 22 Studien mit 3144 Teilnehmer*innen eine moderate bis hohe positive Wirkung (Hedges's g = 0,782, p < 0,05) von Gamification auf das Lernen und Leisten in verschiedenen Fächern, darunter Naturwissenschaften, Sprachen und Informatik. In Bezug auf Englischkenntnisse und basierend auf 11 Studien mit 610 Teilnehmys zeigt die Meta-Analyse von Lee und Baek (2023) eine mittlere positive Wirkung gamifizierter Ansätze (Hedges's g = 0,517). Die Meta-Analyse von Li et al. (2024) gibt Aufschluss über die Wirkung von Gamification auf die intrinsische Motivation: Die Auswertung von 35 Studien mit 2500 Teilnehmys ergab kleine bis mittlere positive Effekte, besonders auf Autonomie (Hedges's g = 0,638) und Zugehörigkeit (g = 1,776), während der Effekt auf Kompetenz geringer war (g = 0,277).

Zu erwähnen ist, dass die aufgeführten Studien auch fehlende Wirkungen, sowie konzeptionelle Schwächen und methodische Probleme offenbaren. Gamifizierung wirkt nicht automatisch; und nicht immer ist klar, was der Gamifizierung jeweils zugrunde lag, also z. B. welche Elemente wie genau eingesetzt worden sind. Zudem existieren methodische Schwächen innerhalb der Evaluation, wie z. B. fehlende Kontrollgruppen. Und schließlich ist auch die Aussagekraft von Meta-Analysen für unseren Schulkontext limitiert, da sie z. T. auch Studien aus dem Hochschulsektor einschließen und sich auf andere Länder und Schulsysteme beziehen. In der Praxis ist Gamifizierung weder Universallösung noch Bullshit (Bai et al., 2020).

Wir können es bei diesem Befund belassen und verweisen auf die Existenz zahlreicher empirischer Studien zu Effekten gamifizierter Lernumgebungen. Wir wollten lediglich kurz aufzeigen, dass zur Wirkung von Gamification auch im Schulkontext inzwischen eine belastbare Datenlage vorliegt, und sich Gamifizierung in vorbildlicher Weise mit der eigenen Wirkung bei Schüler*innen befasst. Darin ähnelt Gamification ihrem Bezugsphänomen: Wie das Feedback im Game, bildet Evaluation ein Feedback für Gamification. Sie ist Anlass für Entwicklung und Lernen. Das Lernen aus Fehlern inbegriffen. Genau diese Orientierung an Verfahren der Selbstüberprüfung weist Gamification als professionelle pädagogische Praxis aus (Koerner & Staller, 2021). Für eingesetzte Unterrichtsmethoden im schulischen Kontext ist die Bereitschaft zur Überprüfung eigener Wirkungen keineswegs selbstverständlich.

Outro

Sybille kommt zum Ende der Erläuterung über Gamification und legt den Brief des Experten beiseite. Ihre Stimme wirkt rau, sie selbst ausgelaugt. Phil eilt mit einer Wasserflasche heran. Die Elternvertreterin trinkt und bedankt sich müde.

Phil   *„+2 in Ausdauer für dich Sybille, würde ich sagen. Mega, das war doch aufschlussreich, oder?"*

Sybille   *„Ich muss zugeben, das hat mich nachdenklich gestimmt. Vielleicht ist es auch meine Erschöpfung, die mich zweifeln lässt. Aber das ganze Gespiele scheint zumindest nicht aus der Luft gegriffen zu sein. Und wenn dann noch die Wirkungen überprüft werden ..."*

Naima   „Ich mein, wird das nicht eh gemacht? Ist das nicht für jeden Unterricht irgendwie hilfreich und..."

Bernard kommt zur Tür herein, dicht gefolgt vom Rest der Englisch-Fachschaft. Er setzt sich auf einen freien Stuhl und stellt den kalten Kaffee auf den Tisch. Er stutzt kurz, schwenkt die Tasse und schüttelt schließlich den Kopf. Dann wendet er sich der Sportfachschaft zu.

Bernard   „War dieser Fortbilder auch bei Euch?"
Naima   „Hat uns eine Zusammenfassung hinterlassen, ziemlich cool. Bestimmt mit KI geschrieben. Hat er Euch auch erklärt, was es mit der Gamification auf sich hat?"

Bernard nickt und seufzt schwer, während Ilkay im Hintergrund seine Notizen ordnet und gleichzeitig neue schreibt.

Bernard   „Das klang gar nicht mal ohne. Eigentlich halte ich nicht viel von sowas, aber ich würde schon gerne fürs nächste Schuljahr einen anderen Tisch im Lehrerzimmer aussuchen. Am Fenster oder in der Nähe der Kaffeemaschine. Was haltet Ihr von einem Deal?"
Phil   „Ein Spiel? Nice, ich bin dabei."
Bernard   „Ein Deal, kein Spiel. Eine Vereinbarung: Wir tun uns zusammen für die Konzeptentwicklung. Wenn eine von unseren Fachschaften von der Rektorin als bestes Konzept ausgewählt wird, machen wir Hälfte Hälfte."
Phil   „Auja, das find ich super. Oder ist das Schiebung?"
Bernard   „Nee, Teamwork."
Phil   „Oh super, ich hatte schon Sorgen."
Naima   „Die Hälfte von was wollt ihr machen? Da gibt es keine Hälfte."
Bernard   „Dann so: Wir suchen den Platz im Lehrerzimmer aus, Ihr dürft den Betriebsausflug bestimmen. Wir entwickeln gemeinsam ein konkretes Konzept und teilen den Gewinn. Deal?"
Phil   „Ein Spiel? Auja, das find ich super."

Literatur

Abbott, H. P. (2008). *The Cambridge introduction to narrative* (2. Aufl.). Cambridge University Press. https://doi.org/10.1017/CBO9780511816932

Anastasiadis, T., Lampropoulos, G., & Siakas, K. (2018). Digital gamercve-based learning and serious games in education. *International Journal of Advances in Scientific Research and Engineering, 4*(12), 139–144. https://doi.org/10.31695/ijasre.2018.33016

Anderie, L. (2023). Serious games und gamification. In L. Anderie (Hrsg.), *Games Industry Management, Gründung, Strategie und Leadership – Theoretische Grundlagen* (S. 575–598). Springer Gabler. https://doi.org/10.1007/978-3-662-65728-7_17

Arsenault, D. (2006). *Narration in the video game.* University of Montreal.

Bai, S., Hew, K. F., & Huang, B. (2020). Does gamification improve student learning outcome? Evidence from a meta-analysis and synthesis of qualitative data in educational contexts. *Educational Research Review, 30,* 100322. https://doi.org/10.1016/j.edurev.2020.100322

Blanch, A., García, H., Llaveria, A., & Aluja, A. (2017). The Spearman's law of diminishing returns in chess. *Personality and Individual Differences, 104,* 434–441. https://doi.org/10.1016/j.paid.2016.09.003

Bong, M., & Skaalvik, E. M. (2003). Academic self-concept and self-efficacy: How different are they really? *Educational Psychology Review, 15*(1), 1–40.

Boyle, E. A., Hainey, T., Connolly, T. M., Gray, G., Earp, J., Ott, M., Lim, T., Ninaus, M., Ribeiro, C., & Pereira, J. (2016). An update to the systematic literature review of empirical evidence of the impacts and outcomes of computer games and serious games. *Computers & Education, 94.* (Journal of Youth and Adolescence 42 7 2013), 178–192. https://doi.org/10.1016/j.compedu.2015.11.003

Brown, S., & Vaughan, C. (2010). *Play: How it shapes the brain, opens the imagination, and invigorates the soul.* Penguin Publishing.

Buck, M. F. (2017). Gamification von Unterricht als Destruktion von Schule und Lehrberuf. *Vierteljahrsschrift Für Wissenschaftliche Pädagogik, 93*(2), 268–282. https://doi.org/10.30965/25890581-093-02-90000005

Buckley, P., & Doyle, E. (2016). Gamification and student motivation. *Interactive Learning Environments, 24*(6), 1162–1175. https://doi.org/10.1080/10494820.2014.964263

Butler, N., & Spoelstra, S. (2023). "You just earned 10 points!": Gaming and grinding in academia. *Organization, 135050842211455.* https://doi.org/10.1177/13505084221145589

Clark, M. C., & Rossiter, M. (2008). Narrative learning in adulthood. *New Directions for Adult and Continuing Education, 2008*(119), 61–70. https://doi.org/10.1002/ace.306

Connolly, T. M., Boyle, E. A., MacArthur, E., Hainey, T., & Boyle, J. M. (2012). A systematic literature review of empirical evidence on computer games and serious games. *Computers & Education, 59*(2), 661–686. https://doi.org/10.1016/j.compedu.2012.03.004

Coyle, D. (2009). *The talent code*. Bantam Books.

Csíkszentmihályi, M. (1985). *Das Flow-Erlebnis. Jenseits von Angst und Langweile: Im Tun aufgehen*. Klett-Kotta.

Diefenbach, S., & Müssig, A. (2018). Counterproductive effects of gamification: An analysis on the example of the gamified task manager Habitica. *International Journal of Human-Computer Studies, 127*, 190–210. https://doi.org/10.1016/j.ijhcs.2018.09.004

Glerum, J., Loyens, S. M. M., Wijnia, L., & Rikers, R. M. J. P. (2019). The effects of praise for effort versus praise for intelligence on vocational education students. *Educational Psychology, 40*(10), 1–17. https://doi.org/10.1080/01443410.2019.1625306

Grabner-Hagen, M. M., & Kingsley, T. (2023). From badges to boss challenges: Gamification through need-supporting Scaffolded design to instruct and motivate elementary learners. *Computers and Education Open, 100131*. https://doi.org/10.1016/j.caeo.2023.100131

Groening, C., & Binnewies, C. (2021). The more, the Merrier? – How adding and removing game design elements impact motivation and performance in a gamification environment. *International Journal of Human – Computer Interaction*, 1–21. https://doi.org/10.1080/10447318.2020.1870828

Gunderson, E. A., Gripshover, S. J., Romero, C., Dweck, C. S., Goldin-Meadow, S., & Levine, S. C. (2013). Parent praise to 1- to 3-year-olds predicts children's motivational frameworks 5 years later. *Child Development, 84*(5), 1526–1541. https://doi.org/10.1111/cdev.12064

Hanham, C. B. L. J., Leppink, J., & Hanham, J. (2019). *Instructional design principles for high-stakes problem-solving environments*. Springer Nature.

Hattie, J., & Timperley, H. (2007). The power of feedback. *Review of Educational Research, 77*(1), 81–112. https://doi.org/10.3102/003465430298487

Hunicke, R., Leblanc, M. G., & Zubek, R. (2004). *MDA: A Formal Approach to Game Design and Game Research*. Computer Science.

Jenkins, H. (2007). Game design as narrative architecture. *Computer, 44*, 118–130.

Juul, J. (2013). *The art of failure an essay on the pain of playing video games*. MIT Press.

Kablitz, A. (2013). *Kunst des Möglichen: Theorie der Literatur* (1. Aufl.). Rombach.

Kalogiannakis, M., Papadakis, S., & Zourmpakis, A.-I. (2021). Gamification in science education. A systematic review of the literature. *Education Sciences, 11*(1), 22. https://doi.org/10.3390/educsci11010022

Kantak, S. S., & Winstein, C. J. (2012). Learning – performance distinction and memory processes for motor skills: A focused review and perspective.

Behavioural Brain Research, 228(1), 219–231. https://doi.org/10.1016/j.bbr.2011.11.028

Kapp, K. M. (2012). *The gamification of learning and instruction. Game-based methods and strategies for training and education.* Pfeiffer.

Kazemi, F., Yektayar, M., & Abad, A. M. B. (2012). Investigation the impact of chess play on developing meta-cognitive ability and math problem-solving power of students at different levels of education. *Procedia – Social and Behavioral Sciences, 32*, 372–379. https://doi.org/10.1016/j.sbspro.2012.01.056

Klippert, H. (2017). *Heterogenität im Klassenzimmer. Wie Lehrkräfte effektiv und zeitsparend damit umgehen können.* Beltz.

Koerner, S., & Staller, M. S. (2021). Kämpfen? Online! Universitäre Praxislehre in Zeiten von Corona, eine mögliche Bereicherung für den Schulsport? *Sportunterricht, 70*(1), 29–33.

Kogan, V. V. (2023). Gamification and game-based learning – An overview and application to language teaching. In I. S. V. Nuss & V. V. Kogan (Hrsg.), *Dynamic teaching of Russian – Games and gamification of learning* (S. 17–35). Routledge. https://doi.org/10.4324/9781003369721-3

Korn, O., Schulz, A. S., & Hagley, B. J. (2022). Digitale Lernwelten – Serious Games und Gamification, Didaktik, Anwendungen und Erfahrungen in der Beruflichen Bildung. In *Digitale Lernwelten – Serious Games und Gamification* (S. 43–63). https://doi.org/10.1007/978-3-658-35059-8_4

Körner, S. (2024). *Narrative Gamifizierung in der sportwissenschaftlichen Hochschullehre Konzeption – Durchführung – Evaluation* (1. Aufl.). Nomos.

Kwon, H. Y., & Özpolat, K. (2020). The dark side of narrow gamification: Negative impact of assessment gamification on student perceptions and content knowledge. *INFORMS Transactions on Education.* https://doi.org/10.1287/ited.2019.0227

Landers, R. N., Armstrong, M. B., & Collmus, A. B. (2017). *Serious games and edutainment applications, volume II* (S. 457–483). https://doi.org/10.1007/978-3-319-51645-5_21

Le, S., Weber, P., & Ebner, M. (2013). *Game-Based Learning. Spielend Lernen? In Lehrbuch für Lernen und Lehren mit Technologien.* epubli.

Lee, J.-Y., & Baek, M. (2023). Effects of gamification on students' English language proficiency: A meta-analysis on research in South Korea. *Sustainability, 15*(14), 11325. https://doi.org/10.3390/su151411325

Lex, H., Simon, M., & Schwab, S. (2022). Insights into the application of soccer-specific actions in established and new game forms of youth soccer. *German Journal of Exercise and Sport Research, 52*(1), 168–172. https://doi.org/10.1007/s12662-021-00748-0

Li, L., Hew, K. F., & Du, J. (2024). Gamification enhances student intrinsic motivation, perceptions of autonomy and relatedness, but minimal impact on competency: A meta-analysis and systematic review. *Educational Technology Research and Development, 72*(2), 765–796. https://doi.org/10.1007/s11423-023-10337-7

Limeri, L. B., Carter, N. T., Choe, J., Harper, H. G., Martin, H. R., Benton, A., & Dolan, E. L. (2020). Growing a growth mindset: Characterizing how and why undergraduate students' mindsets change. *International Journal of STEM Education, 7*(1), 35. https://doi.org/10.1186/s40594-020-00227-2

McAdams, D. P. (1997). *The stories we live by. Personal myths and the making of the self.* Guilford Press.

Nuss, S. V., & Kogan, V. V. (2017). *Gamification and game-based learning.* Routledge. https://doi.org/10.1177/0047239516665105

Ortiz-Rojas, M., Chiluiza, K., & Valcke, M. (2019). Gamification through leaderboards: An empirical study in engineering education. *Computer Applications in Engineering Education, 27*(4), 777–788. https://doi.org/10.1002/cae.12116

Pallesen, L. (2013). *8 principles of good game design.* ohne Verlag.

Paschall, E. M. (2015). Videogame addiction versus problematic play?: Which construct best captures the nature of excessive videogame use? *Acta Psychopathologica, 01*(03). https://doi.org/10.4172/2469-6676.100016

Piaget, J. (2013). *Play, dreams and imitation in childhood* (S. 225–254). https://doi.org/10.4324/9781315009698-8

Piggott, D. (2008). The psychology of "managing mistakes": some implications for coaches and managers. *Development and Learning in Organizations: An International Journal, 22*(4), 20–23. https://doi.org/10.1108/14777280810886409

Popper, K. (1981). *Objective Knowledge: An Evolutionary Approach.* Claredon Press.

Rigby, C. S., & Przybylski, A. K. (2009). Virtual worlds and the learner hero. *Theory and Research in Education, 7*(2), 214–223. https://doi.org/10.1177/1477878509104326

Rowe, E., Asbell-Clarke, J., Baker, R. S., Eagle, M., Hicks, A. G., Barnes, T. M., Brown, R. A., & Edwards, T. (2017). Assessing implicit science learning in digital games. *Computers in Human Behavior, 76*, 617–630. https://doi.org/10.1016/j.chb.2017.03.043

Ryan, R. M., Rigby, C. S., & Przybylski, A. (2017). The Motivational Pull of Video Games: A Self-Determination Theory Approach. *Motivation and Emotion, 30*(4), 344–360. https://doi.org/10.1007/s11031-006-9051-8

Schell, J. (2009). *The art of game design: A book of lenses.* CRS Press.

Scully, G. W. (2000). Diminishing returns and the limit of athletic performance. *Scottish Journal of Political Economy, 47*(4), 456–470. https://doi.org/10. 1111/1467-9485.00173

Shenhav, S. (2015). *Analyzing Social Narratives (1st ed.).* Routledge. https://doi. org/10.4324/9780203109083

Toda, A. M., Klock, A. C. T., Oliveira, W., Palomino, P. T., Rodrigues, L., Shi, L., Bittencourt, I., Gasparini, I., Isotani, S., & Cristea, A. I. (2019). Analysing gamification elements in educational environments using an existing Gamification taxonomy. *Smart Learning Environments, 6*(1), 16. https://doi. org/10.1186/s40561-019-0106-1

Treml, A. K. (2000). *Allgemeine Pädagogik. Grundlagen, Handlungsfelder, Perspektiven der Erziehung.* Kohlhammer.

Villegas, E., Labrador, E., Fonseca, D., Fernández-Guinea, S., & Moreira, F. (2019). Learning and Collaboration Technologies. Designing Learning Experiences, 6th International Conference, LCT 2019, Held as Part of the 21st HCI International Conference, HCII 2019, Orlando, FL, USA, July 26–31, 2019, Proceedings, Part I. Lect. Notes Comput. Sci. 115–124. https://doi.org/ 10.1007/978-3-030-21814-0_10

Vygotsky, L. S. (1978). *Mind in society: The development of higher psychological processes.* Harvard University Press.

Woodcock, J., & Johnson, M. R. (2018). Gamification: What it is, and how to fight it. *The Sociological Review, 66*(3), 542–558. https://doi.org/10.1177/ 0038026117728620

Ybarra, M. L., Mitchell, K. J., & Oppenheim, J. K. (2022). Violent media in childhood and seriously violent behavior in adolescence and young adulthood. *Journal of Adolescent Health, 71*(3), 285–292. https://doi.org/10.1016/j. jadohealth.2022.03.003

Yeshurun, Y., Swanson, S., Simony, E., Chen, J., Lazaridi, C., Honey, C. J., & Hasson, U. (2017). Same story, different story: The neural representation of interpretive frameworks. *Psychological Science, 28*(3), 307–319. https://doi. org/10.1177/0956797616682029

Zeng, J., Sun, D., Looi, C., & Fan, A. C. W. (2024). Exploring the impact of gamification on students' academic performance: A comprehensive meta-analysis of studies from the year 2008 to 2023. *British Journal of Educational Technology, 55*(6), 2478–2502. https://doi.org/10.1111/bjet.13471

4

Level 3: Praxis

Intro

Einige Wochen sind verstrichen. Anstrengende Wochen für die Fachschaften, die neben ihrem regulären Unterricht mit der Aufgabe befasst waren, innovative Konzepte für die Gamification zu entwickeln. Peter T. Crüger – selbsternannter Freelancer, Game-Designer und Gamificator – hat sich an den Arbeiten der Fachschaft beteiligt, während er gleichzeitig nach der Rektorin sucht, die im Schulalltag untergetaucht ist. Die Englisch-Fachschaft kommt an einem schönen Freitagnachmittag zusammen, um Ideen zu diskutieren.

Ilkay	*„Time is running out. Heute sollten wir uns für die Konzepte entscheiden, damit wir sie vor Schuljahresende erproben. Schließlich müssen wir uns eine Evaluation einholen und zur Abschlusskonferenz mitbringen."*
Naima	*„Das ist doch super. Dann können die Schülys direkt ihr Feedback geben, ob sie Spaß hatten und was gelernt haben und was sie davon halten."*
Ilkay	*„Ja, wir brauchen gute Ergebnisse. Ich war eben an der Turnhalle und hab bei Phil im Sportunterricht zugesehen. Die haben echt feine Ideen, erzähle ich Euch gleich mal. Das ist eine harte Konkurrenz."*
Naima	*„Habt ihr nicht einen Deal gemacht, dass Ihr Euch eh abstimmt, egal wer gewinnt?"*

© Der/die Autor(en), exklusiv lizenziert an Springer Fachmedien Wiesbaden GmbH, ein Teil von Springer Nature 2025
S. Körner et al., *Gamification im Unterricht*,
https://doi.org/10.1007/978-3-658-48447-7_4

Ilkay   *„Klar, aber ich hab nicht umsonst seit Mitte Februar nicht mehr als vier Stunden geschlafen. Mein Konzept … also unser Konzept sollte schon die Anerkennung erfahren, die es als bestes Konzept verdient."*

Crüger kommt durch die Tür, legt verschwörerisch ein Päckchen auf den Tisch. Er zwinkert allen zu und verschwindet mit dem kurzen Nachsatz, dass er die Rektorin nirgends finden könne, obwohl sie auf alle seine Nachrichten antworte. Bernard, der bislang kritisch auf seinen Kaffeesatz geschaut hat, stellt die Tasse nachdenklich ab und schnappt sich das Paket. Er öffnet es vorsichtig. Zum Vorschein kommen die Konzepte aller Fachschaften mit einem kurzen Post-It.

Bernard   *„Da steht, dass er allen Fachschaften alle Konzepte hat zukommen lassen. Etwa auch unseres? Woher hat er das? Ich habe es extra nur handschriftlich auf meinem Schmierpapier."*

Naima   *„Die spannendere Frage ist doch: Wie kann er deine Schrift überhaupt lesen? Aber der Austausch ist doch super. Dann haben sie mehr Ideen oder können Euch Tipps geben."*

Ilkay   *„Gut zum Lernen, riskant zum Gewinnen. Naima, hast du eigentlich jeden Freitagnachmittag einfach Zeit, um die Fachschaften freiwillig zu unterstützen, oder wie läuft das ab?"*

Naima   *„Vertrauen ist gut, Kontrolle ist besser. Aber lasst uns mal einen kleinen Blick in die Konzepte werfen …"*

Gamifizierung ist ein Konzept zur Gestaltung von Lernumgebungen. Das Konzept zielt darauf ab, Lernen als freud- und bedeutungsvolles Erleben und Erfahren zu kreieren und dabei institutionell vorgegebene Inhalte und Ziele des Lernens pädagogisch sinnvoll zu kontextualisieren. Konzeptionell kann Gamifizierung damit dem Bereich der Didaktik zugeordnet werden, verstanden als „das wissenschaftliche Nachdenken und Kommunizieren über Lehren und Unterrichten" (Treml, 2000, S. 82). In praktischer Hinsicht fällt Gamifizierung in den Bereich der Methodik, die mit der konkreten Umsetzung didaktischer Konzepte befasst ist.

Im Folgenden präsentieren wir vier schulische Unterrichtsbeispiele für eine Gamifizierung: für den Unterricht in Englisch, in Sport, in Chemie und in Spanisch. Das Design folgt dabei den im vorherigen Kapitel behandelten Ideen und Modellen. Disclaimer: Die Beispiele sind nicht als fertige Unterrichtsvorlagen zu verstehen, sondern als Illustrationen der Einsatzmöglichkeiten von Gamification.

4.1   Englischunterricht gamifizieren

Das folgende Unterrichtsvorhaben (UV) zielt auf den Einsatz in einer sprachlich und inhaltlich-analytisch fortgeschrittenen Klasse ab, bspw. innerhalb einer Q1 oder Q2 eines Gymnasiums oder einer Gesamtschule. Gewisse Lernvoraussetzungen müssen somit gegeben sein. Diese umfassen beispielsweise ein sicheres Beherrschen der Zielsprache (gemäß des europäischen Referenzrahmens B2), sowie ein grundsätzliches Verständnis in den Bereichen der Textanalyse und des Diskutierens. Darauf aufbauend soll dieses Kapitel den grundsätzlichen Ansatz einer Gamifizierung im fortgeschrittenen Sprachkontext beispielhaft illustrieren und Ansatzpunkte dafür liefern, wie sich auch komplexe Inhalte in der Abiturvorbereitung mit den Game-Design-Elementen und -Prinzipien (*siehe Glossar*) anreichern und aufbereiten lassen.

Das für die aktuelle Gesellschaft relevante Thema der Künstlichen Intelligenz (KI) wird im Zuge der Thematik eines ethischen technologischen Fortschritts aufgegriffen. Was wäre, wenn …? (*siehe Glossar*) sich die Schülys im Jahre 2045 befinden und die vollumfänglich von einer KI gesteuerten, humanoiden Neurobots des Konzerns iTechnica die Menschheit im Alltag unterstützen. Unterstützen … oder *ersetzen*? Die Frage nach einer ethischen Handhabung der Neurobots ist ein seit Jahren brandaktueller Diskurs in der Weltregierung sowie im 9G-Netz. Doch heute, wo iTechnica nun sogar behauptet, eine Form von Bewusstsein in ihrer KI entdeckt zu haben, ist die Diskussion in vollem Gange. Die Schülys sind Teil des internationalen Kongresses zur Förderung menschlich-technischer Beziehungen und müssen nun medienkritisch vorgehen, um sich in der Diskussion einbringen und beteiligen zu können, denn eine Entscheidung ist vonnöten: Soll weiterhin mit KI gearbeitet werden, oder muss die Menschheit einen Schritt zurückmachen und sich neu sortieren, bevor man ein Wesen mit Bewusstheit erschafft? (Tab. 4.1)

Tab. 4.1 Einordnung in das Modell Professionellen Unterrichtens (MPU)

Englisch: Jahrgangsstufe Q1/Q2	
Kontext-Dimension	Das Fach Englisch ist eines der drei Hauptfächer und wird im deutschen Schulsystem in der Regel bereits am Ende der Grundschule eingeführt. In der Sekundarstufe I ist es weiterhin verpflichtend und fast alle Schülys belegen das Fach in der Sekundarstufe II und somit im Abitur. Das Niveau der schulischen Ausbildung gestaltet sich jedoch als enorm unterschiedlich, da einige Schulen ein bilinguales Programm anbieten, welches Schülys einen erhöhten Anteil an Unterrichtsstunden im Fach Englisch zukommen lässt und das Lernen in diversen Nebenfächern in der englischen Unterrichtssprache ermöglicht. Ebenso erfolgt in der Sekundarstufe II der Split in Grundkurse und Leistungskurse (auch Profilkurse und ähnliche Bezeichnungen je nach Bundesland), welcher das Niveau der Klasse beeinflusst, sowie die im Zentralabitur zu bearbeitenden Themen.
Was-Dimension	Aufbauend auf der Thematik des Zentralabiturs lohnt es sich, die ministeriellen Vorgaben der Länder anzuschauen. Dort wird länderübergreifend der Fremdsprachenerwerb in (funktional) kommunikative Kompetenzen, interkulturelle Kompetenzen und Text- und Medienkompetenz eingeteilt, sowie in Sprachbewusstheit und Sprachlernkompetenz (MSB, 2023; SBJWB, 2022), welche teilweise zusammengefasst als methodische Kompetenz tituliert werden (SSBM, o. J.). Alle Kernlehrpläne listen Verweise auf Wissenschaft und Technologie als inhaltliche Themen der Oberstufe, oftmals vernetzt mit dem Erwerb kritischer Handlungskompetenz, Ethik oder aktueller Entwicklungstendenzen. Hier setzt das gelistete UV an und zielt mit dem Fokus auf das Thema KI sowohl auf Technologie und Ethik als auch auf aktuelle gesellschaftliche Entwicklungstendenzen ab. Das kritische Auseinandersetzen mit dem Für und Wider der KI-Nutzung ist für die Schülys ebenso relevant und lebensweltnah, sowohl persönlich als auch schulisch, wie es ein gesamtgesellschaftlich unabdingbarer ethischer Diskussionspunkt ist.

Wer-Dimension

Die individuellen Lebenswelten der Schülys sowie ihre Bildungsbiografien und -narrative sind im Sinne eines reziproken Verständnisses der Beziehung zwischen Umwelt und internalisierten Lebensmythen (McAdams, 1993) für die Umsetzung dieser Reihe relevant. Insbesondere die grundsätzliche Entscheidung, ob die Lehrkraft den Schülys ein Einteilen nach persönlichen Überzeugungen ermöglicht oder aber die SuS zuteilt und sich in die jeweils zugelosten Standpunkte versetzen lässt, lässt sich in der individuellen Lerngruppe lediglich mit einer guten Kenntnis der Vorlieben und Arbeitsweisen der Gruppe sinnvoll entscheiden. Weiterhin werden Fragen relevant, die das Allgemeinwissen bezüglich der Thematik KI betreffen: Wie gut kennen sich die Schülys mit der Nutzung von KI durch bspw. Prompt-Erstellung aus? Wurde sich bereits durch Filme oder Bücher mit den möglichen utopischen/dystopischen Entwicklungspotenzialen von KI und/oder Robotern beschäftigt? Sind Machine Learning und andere Schlagwörter bekannt? Zudem können auch die individuell funktional-kommunikativen Kompetenzen und persönlichen Dispositionen im Rahmen der sprachlichen Kommunikation, bspw. ein Mangel an sprachlicher Sicherheit, Schüchternheit in der Sprachproduktion vor der Klasse oder aber emotionsloses Vortragen, die letztendlichen Ergebnisse sowie die einzelnen Schülyerfahrungen beeinflussen.

Wie-Dimension

Die Konzeption der Reihe beruht auf zwei Kern-Aspekten: der Schulung der allgemeinen Diskussionsfähigkeit (Bezug zur FKK: Sprechen (MSB, 2023)) sowie einer möglichst breitflächig angelegten Auseinandersetzung mit der Thematik KI, welche infolge aktueller gesellschaftlicher Entwicklungen (Krishna, 2024) eine bedeutende Rolle für die Lebensnarrative der Schülys haben wird. Diese Basis soll durch die Einbindung einer anregenden Narrative für die Schülys greifbar werden und mögliche Zukunftsentwicklungen ansprechend aufzeigen und thematisieren. Die exakte methodische Aufbereitung richtet sich nach den landesintern geltenden Lehrplänen und den dort gelisteten Medienformaten. Länderübergreifend lässt sich sagen, dass die Sprachproduktion und Diskussionsfähigkeit insbesondere für mündliche Prüfungen relevant sind und eine Handlungskompetenz im interkulturellen Kontext erst durch ein tiefer gehendes Verständnis einzelner inhaltlich relevanter Aspekte ermöglicht wird. Die Fähigkeit, zu gesellschaftlich wichtigen Themen wie digitaler Entwicklung oder grundsätzlichen humanitären Werten Stellung zu beziehen, ist eine fächerübergreifend relevante Kompetenz im Bildungsauftrag der Schule, welche spezifisch durch das Fach Englisch gefördert werden soll (MSB, 2023).

Selbst-Dimension

Das UV zum Thema KI setzt auf Lehry-Seite sowohl eine aufgeschlossene Haltung gegenüber aktuellen technologischen Entwicklungen und deren gesellschaftlichen und ethischen Implikationen voraus wie auch ein Interesse an einer begründeten Inszenierung des Themas im Rahmen einer Gamifizierung.

4.1.1 Das Beispiel: AI as harbingers of utopian/dystopian futures

Das folgende Beispiel ist als Anwendungsmöglichkeit narrativ gamifizierter Prinzipien zu verstehen (Narrative *Thinking, siehe Glossar)*. Die exakte Auswahl der Medienformate, die zur Gewinnung der jeweiligen Pro- und Contra-Argumente genutzt werden sollen, ist somit den Lehrkräften vorbehalten und individuell auf die Lerngruppen anpassbar. Ein starker Grundkurs (GK) kann beispielsweise komplexere Texte zum Thema „Consciousness and AI" nutzen, während in einem sehr heterogenen GK diese Texte nur leistungsstarken Schülys zur Verfügung gestellt werden (Flow, siehe *Glossar)*.

Die Schülys konstituieren den *International Congress for the Enhancement of Human-Technology Relations, welcher im Zuge der Veröffentlichung der* Neurobots des Konzerns iTechnica debattiert, inwiefern die Einbindung von KI im Alltag der Menschheit sinnvoll sowie ethisch vertretbar ist. Insbesondere der von iTechnica angekündigte technologische Durchbruch, in welchem das Unternehmen von einem zunehmenden Bewusstsein ihrer KI spricht, macht die Sitzung des Kongresses zu einer heiklen Angelegenheit (Tab. 4.2).

Die oberhalb gelistete Tabelle beschreibt den groben Verlauf des Unterrichtsvorhabens und gibt spezifische Einblicke in etwaige Entscheidungen, die den Lehrkräften offenstehen. So wurde das Beispiel einer bepunkteten Debatte (*Pointifizierung*, siehe *Glossar)* gewählt und durchexerziert. Sollte dies in der Praxis jedoch aus Sicht der Lehrkraft nicht zielführend sein, ist die Reihe innerhalb der gewählten Narrative frei anpassbar. Die Ausgangslage der Geschichte oder die letztendliche Fortsetzung in ein utopisches/dystopisches Zukunftsszenario bleiben von der exakten unterrichtlichen Anwendung und Ausarbeitung unberührt. Das diesem Vorhaben zugrunde liegende Konzept eines starken Narrativs als Fokus der Gamifizierung ist eng mit diversen weiteren Aspekten der Gamifizierung verknüpft bzw. verknüpfbar. Diese, teils in der Tabelle beschriebenen teils optional nutzbaren Elemente, sollen im Folgenden näher erläutert werden.

Tab. 4.2 Vorschlag zum Stundenverlauf des UV

Stunden 1-3: Joining the international congress	**Inhaltlicher Kern:** Es werden die Rahmenbedingungen der Reihe geschaffen und das narrative Setting wird durch die Lehrkraft vorgestellt (Einbindung eines durch KI generierten Videos möglich). Die Zuteilung der Schülys in die Pro- und Contra-Lager kann aufbauend auf den persönlichen Meinungen der SuS erfolgen (Meaningful Play, siehe Glossar), um Motivation und Identifikation zu generieren, oder aber durch eine Zuteilung der Lehrkraft (Argumentieren gegen die eigene Position kann zum Reflektieren der eigenen Meinung anregen und ist in der modernen Zeit eine relevante Fähigkeit (Kickmeier-Rust & Dietrich, 2012)). Ebenso wird ein/e Headmaster/Headmistress bestimmt, welche die Diskussion des Kongresses leiten soll und die abschließende Entscheidung des Kongresses trägt (hier empfiehlt sich das Einsetzen leistungsstarker Schülys, ggf. sogar die Nutzung eines Triumvirats o.Ä., um die wichtige Position sinnvoll aufzuteilen). Diese Person(en) muss/ müssen die Argumente und Positionen beider Seiten verstehen und erarbeiten. Es wird eine Auswahl an Texten, Buch-Ausschnitten, Podcasts etc. vorgestellt, welche die SuS nutzen können, um ihre Positionen argumentativ zu untermauern. Auch hier gibt es die Möglichkeit, die Schüly Bereiche wählen zu lassen (Autonomie, siehe Glossar), die ihren Interessen oder (sprachlichen) Kompetenzen entsprechen (bspw. Medien zu den philosophischen Aspekten der KI-Nutzung vs. politische oder soziale Aspekte). **Narrativer Bezug:** Die Einführung in die Story (durch ein KI-Video) sowie das Erschaffen der Kongress-Parteien (narrativ verortbar als „Beitreten" zu den jeweiligen Fraktionen des Kongresses) stehen im Vordergrund und bilden die Grundlage für das weitere Ausarbeiten von Argumenten sowie entstehende Diskussionen.
Stunde 4-6: A pro/con-analysis – Do we want to live alongside Neurobots?	**Inhaltlicher Kern:** Das Arbeiten an den jeweils individuell oder in Untergruppen gewählten Medienformaten fungiert als Fokus der Unterrichtseinheiten sowie als Basis für das Kreieren individuell nutzbarer Argumente. In der sechsten Stunde wird die Methode des Hot Seat angewandt und der/die Headmaster/Headmistress des Congress, bzw. ggf. das Triumvirat, stellt sich den Fragen der beiden Fraktionen. Die Antworten der Kongressvorsitzenden (oder das Fehlen dieser) geben den Fraktionen neue Informationen über etwaige Angriffspunkte in der kommenden Diskussion. **Narrativer Bezug:** Die Fraktionen bereiten sich auf die kommende Diskussion vor, da eine Entscheidung über die Zukunft des Zusammenlebens zwischen Menschen und KI getroffen werden muss.

(Fortsetzung)

Tab. 4.2 (Fortsetzung)

Stunden 7-9: Preparing the next congress assembly I	**Inhaltlicher Kern:** Diese Unterrichtseinheiten fokussieren sich, nebst der Weiterarbeit an den Medienangeboten, auf die Erläuterung der späteren Diskussion. Das Format, welches die Lehrkraft wählen kann, wird vorgestellt. Exemplarisch wird von einer punktierten Debatte als Format ausgegangen, in welcher Vertreter*innen der jeweiligen Fraktionen ihre Argumente abwechselnd vortragen und die Möglichkeit haben, die Argumente ihrer Opposition durch Gegenargumente zu entkräften. Das Vorbereiten entsprechender Gegenargumente durch das Medienangebot wird somit angeregt. Die Kongressvorsitzenden bekommen die Möglichkeit, ein Angebot von iTechnica (vorgetragen durch die Lehrkraft, außerhalb des Klassenraums) zur Bestechung anzunehmen und dem Konzern zu helfen, indem sie der Pro-KI-Fraktion mögliche Argumente oder Gegenargumente zuspielen und somit die Debatte für den Konzern vorteilhaft lenken. **Narrativer Bezug:** Die Fraktionen arbeiten eifrig an der Vorbereitung der kommenden Debatte. Doch dem Weltkonzern iTechnica ist dies durchaus bewusst, und so lassen sie nichts unversucht, um die Entscheidung des Kongresses zu beeinflussen …
Stunden 10-12: Preparing the next congress assembly II	**Inhaltlicher Kern:** Die Diskussion wird detailliert vorbereitet und die Fraktionen bereiten sich auf die Debattenstruktur vor. Hierzu können bspw. 3 Vortragende pro Fraktion bestimmt werden, während die anderen SuS die restlichen Kongress-Mitglieder stellen. Die restlichen Mitglieder können weitere Punkte in der Diskussion ergänzen, Vortragende ablösen oder spontan auffallende Gegenargumente notieren und an die Vortragenden weitergeben. Das Erarbeiten dieser Regeln und die Rollenzuweisungen können durch die Lehrkraft, Arbeitsblätter oder Erläuterungsvideos bereitgestellt werden. Gleiches gilt für die Personen in der Debattenleitung, welche das Bepunktungssystem erarbeiten müssen (Punkte, siehe Glossar). Auch hier steht der Lehrkraft die genaue Bepunktung frei, so können beispielsweise besonders starke Argumente stärker bepunktet werden, sowie Argumente, auf die kein Gegenargument in der Antwort der Opposition folgt usw. **Narrativer Bezug:** Die nächste Sitzung des Kongresses steht bevor, kommende Woche ist es so weit. Die Fraktionen bereiten sich in frenetischer Panik auf das finale Datum vor, an welchem über einen nicht unwichtigen Teil der menschlichen Zukunft abgestimmt werden soll …

(Fortsetzung)

Tab. 4.2 (Fortsetzung)

Stunden 13 & 14: The congress is in session	**Inhaltlicher Kern:** Die Schülys erhalten ggf. die Möglichkeit, letzte Absprachen zu treffen, (Gegen-)Argumente zu überprüfen und noch einmal den Ablauf der Debatte durchzugehen. Dann ist es so weit und die Debatte wird, angeleitet von Headmastern/Headmistresses, durchgeführt. Jeweils abwechselnd stellt ein Sprecher pro Fraktion Argumente vor beziehungsweise erhält die Möglichkeit, die Argumente der Vorredner durch Gegenargumente abzuschwächen. Die Leiterpositionen behalten derweil die Zeit im Blick und terminieren zu lange Vorträge. Die restlichen Fraktionsmitglieder erhalten die Möglichkeit, sich im Anschluss an die Redner optional einzuschalten und ihre Argumente vorzubringen, oder aber unterstützen ihre noch antretenden Redner mit dem Bereitstellen spontaner Gegenargumente o.Ä. Die Leiter*innen der Debatte bepunkten die Argumente der Fraktionen und erhalten anschließend eine Möglichkeit, sich zurückzuziehen, um die Entscheidung des Kongresses bezüglich der Zusammenarbeit mit iTechnica zu verkünden. **Narrativer Bezug:** It's D-Day – Wie wird der Kongress entscheiden? Welche Fraktion kann von ihrer Meinung überzeugen, die weitere Art der Zusammenarbeit mit iTechnica festlegen und somit die Zukunft der Menschheit und der Neurobots bestimmen?
Stunde 15: The future you chose	**Inhaltlicher Kern und narrativer Bezug:** Aufbauend auf der vom Kongress festgelegten Siegerpartei wird ein vorbereitetes, ggf. durch KI generiertes Video abgespielt, welches die Zukunft der Menschheit a) unter dem Einfluss der Neurobots im Alltag darstellt, oder aber b) eine Zukunft, in der sich die Menschheit gegen die offizielle Zusammenarbeit mit KI entschieden hat. Die Lehrkraft kann hier aufbauend auf der eigenen Disposition sowie dem Diskussionsverlauf wählen, welche der beiden Varianten eine positive Zukunft darstellt und welche eine negative Form. So könnte die Zusammenarbeit mit iTechnica zu einer Verbesserung der Lebensqualität der Menschheit führen, oder aber die mit der gesamten Menschheit vernetzte KI entschließt sich dazu, dass die Menschheit zu schädlich für den Planeten ist und ausradiert werden muss. Genauso kann das Verweigern einer Zusammenarbeit mit iTechnica oder das Verbot der Neurobots zu einer friedlichen Zukunft führen, in welcher die Menschheit ihre Probleme ohne die Nutzung von KI löst. Oder aber zu einer Dystopie, in welcher im Versteckten mit der KI der Neurobots weitergearbeitet wird und sich die vermeintlich simplen Alltags-Roboter plötzlich als smarte, ein Bewusstsein habende Wesen entpuppen, welche ihren rechtmäßigen Platz als Lenker der Menschheit anstreben und die Weltregierung mit Gewalt abschaffen wollen … **Didaktisch-methodisch** kann die Stunde zudem durch eine Evaluation (*siehe Glossar*) der Reihe ergänzt werden, in welcher die SuS Rückmeldungen darüber geben, ob die Reihe in ihren Augen sinnhaft gewesen ist oder aber ob es Verbesserungspunkte für die zukünftige Anwendung gibt. Das UV soll, im Sinne der sich reflektierenden Lehrkraft, ein product in progress bleiben.

4.1.2 Design

Der Fokus der Gamifizierung des Unterrichtsvorhabens liegt im Bereich der *Narrative* (*Narrative Thinking, siehe Glossar*) der Einheit. Mit dem Thema KI wird ein realer Diskurs der Gegenwartsgesellschaft aufgegriffen und in einen fiktionalen Kontext gestellt (*Fiktion und Wirklichkeit, siehe Glossar*), in dem die Schülys eine entscheidende Rolle einnehmen. Die geschichtliche Einbettung gibt den Schülys eine relevante Rahmenhandlung und situiert sie im Lernkontext, während das Beeinflussen der Entscheidung des Kongresses und die darauf aufbauende Zukunftsvision den Aspekt des *meaningful plays* (*siehe Glossar*) in der Reihe integrieren. Die Arbeit und Entscheidungen der Schülys führen zu greifbaren und storytechnisch relevanten Ergebnissen. Bei einer freien Zuteilung der Pro/Contra-Parteien ist zudem eine etwaige Überschneidung persönlicher Motive, Einstellungen und Lebens-Narrativen mit dem Narrativ der Kongress-Fraktion möglich (*Narrative Bezüge, siehe Tools*) und ermöglicht so ein tieferes Eintauchen der Schülys durch ein Identifizieren mit dem Unterrichtsgeschehen und den von der jeweiligen Fraktion vertretenen Idealen (McAdams, 1993; Marczewski, 2018). Die Story-Bible (*siehe Tools*) in Tab. 4.3 gibt einen Überblick über die der Einheit zugrunde liegende Geschichte.

Tab. 4.3 Story-Bible – „AI as harbingers of utopian/dystopian futures"

Story-Design	The International Congress for the Enhancement of Human-Technology relations – AI as harbingers of utopian/dystopian futures
Tagline	Die SuS fungieren als Mitglieder des Kongresses für die Beziehung zwischen Mensch und Maschine – eine wichtige Grundsatzentscheidung zum Umgang mit KI im Alltag der Menschheit steht an und wird die Zukunft des Planeten umfassend beeinflussen. Die Schülys müssen sich einer Fraktion des Kongresses zuordnen und eine Antwort für den Umgang mit fortgeschrittener KI finden …
Logline	Der Teilnahme am Kongress und der nötigen Entscheidungsfindung muss eine fundierte Basis zugrunde liegen. Dazu erarbeiten die Schülys diverse Argumente, die für oder gegen die Nutzung von KI im Alltag sprechen, indem sie verschiedene Medienformate nach Informationen absuchen und sich mit ihren Argumenten auf eine finale Debatte vorbereiten.

(Fortsetzung)

Tab. 4.3 (Fortsetzung)

Synopsis	Im Jahr 2032 hat der Konzern iTechnica die Neurobots veröffentlicht – von der Unternehmens-KI gesteuerte, humanoide und voll automatisierte Roboter, welche den Menschen im Alltag behilflich sein sollen. Ihr Slogan lautet „Von der Autowäsche bis zur Zahlenlehre – Neurobots unterstützen Sie und Ihre Familie". Echte Alleskönner – Physikalisch anstrengende Aufgaben des Alltags können von der KI ebenso übernommen werden wie intellektuell anspruchsvolle Tätigkeiten. iTechnica hat in Zusammenarbeit mit einem weiteren Mega-Konzern eine weltweite Distribution der NBs durch Drohnenlieferungen gesichert und kann infolgedessen heute, im Jahr 2045, auf eine unglaubliche Erfolgshistorie zurückblicken. Sie sind nicht nur Marktführer, sondern haben ein Monopol auf voll funktionsfähige KI-Roboter. Wettbewerber haben versucht, Konkurrenz-Roboter zu veröffentlichen, doch keine KI war so komplex und zeitgleich fehlerlos, kein Cyber-Skelett so strapazierbar und vielseitig nutzbar. Menschen allen Alters nutzen die Roboter für Alltagsaufgaben, zur Entlastung der Care-Arbeit im eigenen Haushalt, oder zur Unterstützung bei komplexer Projektplanung auf der Unternehmensebene. Jeder dritte Haushalt hat einen Neurobot. Jedes mittelständische Unternehmen lässt sich von mehreren Neurobots unterstützen, und jeder globale Konzern hat eine eigene NB-Abteilung, in welcher die humanoiden Roboter autonom arbeiten und die Unternehmensprozesse beschleunigen und effizienter machen. Einige bedeutsame Erfindungen der letzten Jahre wurden mit Hilfe von KI realisiert und ausgearbeitet: Autonom arbeitende Operations-Assistenz-Neurobots entlasten Chirurgen durch geschickte und effiziente Zuarbeit, Schülys sind weniger in der Schule und lernen vermehrt digital durch ausgeklügelte und interaktive, von der in den Neurobots arbeitenden KI gesteuerte Lernprogramme, und das Problem der zu viel Energie verschlingenden Initiierung einer Kernfusion konnte durch einen von iTechnicas KI vorgeschlagenen Antimaterie-Teilchenbeschleuniger gelöst werden. Die Welt dreht sich um iTechnica und die Neurobots. Doch die von Beginn an bestehenden Stimmen, welche sich gegen die Neurobots und ihre exzessive Nutzung ausgesprochen haben, werden nur lauter statt leiser. Weltweit stattfindende Proteste, Kundgebungen und Cyber-Attacken auf iTechnica-Server gehören so zum Alltag der Menschen wie Klima-Proteste. Insbesondere heute kommt das 9G-Netz nicht zur Ruhe, denn iTechnica hat ein globales Statement veröffentlicht: „Breaking News: Our neural networks have evolved to a point where our leading scientists detected first signs of consciousness! This is not only a big step for our company, but a big step for our society and humanity as a whole. Neurobots are the future!" Der Internationale Kongress zur Förderung menschlich-technischer Beziehungen ruft eine Notfallsitzung ein. Es muss diskutiert werden, ob eine solche KI der Menschheit mehr nutzen oder schaden kann …

Die Ästhetik der Reihe generiert sich insbesondere durch die narrative Einbettung, jedoch lassen sich weitere Elemente nutzen, um diesen spezifischen Bereich der Gamifizierung in seinen möglichen Erlebnisweiten zu intensivieren (*Experience Pathways, siehe Glossar*). Dies umfasst die mehrfach angesprochenen Einstiegs- und Resultat-Videos, eine eventuelle Unterteilung der Fraktionen in relevante „Research-Areas" wie Recht und Regularien, Philosophie u. Ä. sowie das Bereitstellen der Medien in möglichst offiziell aussehenden Formaten, bspw. durch ein Markieren der Textseiten mit dem Logo des Kongresses und zusätzlich angepassten Aufgabenstellungen, welche das Unterrichtsgeschehen für die SuS klar erkennbar in der Narrative verorden. Ein Beispiel dafür wäre …

Beispiel

DEAR ESTEEMED CONGRESS MEMBERS,

ENCLOSED IS AN EXCERPT FROM THE NOVEL "ILLUMINAE FILES" BY JAY KRISTOFF AND AMIE KAUFMAN. IT FEATURES VALUABLE INSIGHTS AND IDEAS ON HOW AI MIGHT DEVELOP AND CONSECUTIVELY INFLUENCE OUR LIVES. PERUSE THE TEXT AND USE IT TO GATHER INFORMATION FOR THE UPCOMING DEBATE ON THE USAGE OF NEUROBOTS.

WE HOPE THAT OUR INTERESTS ALIGN AND THAT YOU CAN SEE THE GOOD THAT A CONSCIOUS AI COULD DO FOR THE WORLD.

SINCERELY,
MARK ROWAN
CEO & CFO iTECHNICA

Auch die Debatte sollte entsprechend gestaltet werden. Der Klassenraum lässt sich ggf. dekorativ anpassen, die Sitzordnung sollte den Fraktionen angepasst werden (bspw. durch zwei seitliche Tisch-Reihen sowie zwei zentrale Tische für die Vorsitzenden) und die Unterlagen können in undurchsichtigen Heftern mit einem roten „CONFIDENTIAL"-Stempel darauf vorgelegt werden.

Es bietet sich zudem an, spezifische Mechaniken einzupflegen. Während das „Einmischen" der Lehrkraft als Mitglied iTechnicas, welches die Vorsitzenden beeinflussen möchte, für eben jenes Triumvirat in den Bereich der Mechanik fällt (man vergleiche die für eine Story relevanten Entscheidungen in *Telltale Games, Baldur's Gate u. Ä.*), *ist es für den Rest der Gruppe erst spät und eventuell erst nach der Diskussion ersichtlich, was es eher in den Bereich der Ästhetik fallen lässt. Man könnte den Fraktionen jedoch eine Mechanik bereitstellen, welche sich mit der Ästhetik eines Spiels wie Ace Attorney deckt – die „OBJECTION!". Wenn die Gegenpartei ein besonders relevantes oder leicht zu relativierendes Argument nutzt, hat jede Fraktion einmal pro Debatte die* Möglichkeit, ihre OBJECTION-Card zu ziehen. Ein dafür ausgewähltes Schüly darf aufspringen, „Objection!" rufen und die eigene Partei darf das Argument der Gegenseite sofort entkräften (in einem zeitlich festgelegten Rahmen von bspw. 60 s), anstatt auf die kommende Runde zu warten. Die limitierte Nutzung macht die Objection-Methodik zu einer Art Superfähigkeit.

Ein weiterer Aspekt, der im Bereich der Mechanik anzusiedeln ist, ist das Angebot an Lernmaterialien. Durch unterschiedliche Schwierigkeitsstufen der Medien (storyintern markierbar durch Titulierungen wie „*General Assembly*" vs. „*Only for the most erudite congressmen*") *können die* Schülys im Sinne eines Gameplay-Balancing (*siehe Glossar*) sowie der Selbstbestimmungstheorie (*siehe Glossar*) eigenständig wählen und verantworten, mit welchen Medien sie sich auseinandersetzen möchten, welches Niveau sie sich zutrauen und welche Formate sie ggf. lieber anderen Schülys überlassen, die sie für kompetenter halten. Somit bildet dies auch einen taktischen Aspekt, welcher verstärkt wird durch die Auswahl und Reihenfolge der Redner der eigenen Fraktion, die Nutzung der Objection-Fähigkeit sowie der eigenen Argumentationsketten.

Es bleibt zudem anzumerken, dass die punktierte Debatte den Wettkampf zwischen den Schülys betont und damit motivierend wirken soll. Der Problematik der Abnutzung der Wettkampffunktion oder dem gar langfristig negativen Einfluss der Methodik (Arlt & Arlt, 2023) wird a) durch die Kurzlebigkeit der Reihe entgegengewirkt, sowie b) durch die narrative Bedeutsamkeit der Punktierung, welche den Fokus des Wettkampfs verschiebt und relevant, also *meaningful* (*siehe Glossar*) macht.

Die Reihe im vorliegenden Format bildet somit eine Möglichkeit, auch einen leistungsaffinen Oberstufen-Kurs gamifiziert zu gestalten. Die verstärkt auf eine Narrative setzende Form der Gamifizierung wurde exemplarisch und aufgrund der für Menschen inhärenten Relevanz von Geschichtsstrukturen (McAdams, 1993; Porter Abbott, 2020) sowie speziell im Sprachenlernen (Ghafar, 2024) gewählt. Es ließen sich sicherlich weitere Prinzipien umsetzen und weitere Mechaniken u. Ä. anbieten, jedoch bietet die hier gewählte Reihe eine intensive narrative Gamifizierung, ohne ein Arbeitspensum für die Lehrkraft zu schaffen, welches auch im Zeitalter von unterstützender KI (*Gamifizierung mit KI erstellen*, siehe *Glossar*) im Alltag kaum umsetzbar wäre.

4.2 Sportunterricht gamifizieren

Das folgende Beispiel aus dem Sportunterricht ist exemplarisch im „Ringen und Kämpfen" angesiedelt – ein Transfer in andere Bewegungsfelder ist ebenso möglich und erwünscht. Der Beitrag vereint die Gamification von Unterricht mit Teilen des jahrgangsübergreifenden Unterrichtens. Grundlage dafür bildet ein Turnier, was ein durchaus bekanntes Setting für den Schulsport darstellt (Frommann, 2016; Hummel & Krüger, 2015). Ebenso ist es möglich, das Beispiel im Kontext der Verzahnung von Sportunterricht und außerunterrichtlichem Sport an der Schule zu verstehen, da die Akteurys austauschbar sind. Das Kapitel richtet sich primär an Personen, die sich mit dem Kontext (hier: Sportunterricht) regelmäßig auseinandersetzen und dementsprechend auch Erfahrungen in der Vermittlung des Bewegungsfelds „Ringen und Kämpfen" sowie der Ausrichtung von schulinternen Turnieren haben. Daher wird der Fokus auf die Gamifizierung der abgebildeten Unterrichtvorhaben liegen.

Im Beispiel liegt die Organisation des Turniers in den Händen eines Oberstufenkurses. Dieser Kurs ist für die Planung, Anleitung und Evaluation des Turniers zuständig und bereitet dieses während der eigenen

Unterrichtszeit vor. Die Lehrkraft unterstützt hier maßgeblich bei der allgemeinen Projektumsetzung sowie bei der Gamifizierung des Turniers. Als Turnierteilnehmys treten Schülys aus der Unterstufe (bspw. 5. Klassenstufe) in einem „Ritter-Turnier" an und erkämpfen sich dort, angelehnt an das bestehende Narrativ (*Narrative Bezüge, siehe Tools*) „Die Rückkehr der Königsgarde", die Gunst des Königs. Die kämpferischen Inhalte des Turniers sind für dieses Setting im Bereich des normungebundenen Kämpfens (Happ & Liebl, 2015) angesiedelt. Für die Fünftklässlys stellt das Turnier den finalen Punkt eines Unterrichtsvorhabens zum „Ringen und Kämpfen" dar, in welchem sie die erarbeiteten Lösungen und Strategien des eigenen gamifizierten Sportunterrichts in einem neuen Setting (Ritter-Turnier) anwenden und erproben können. Tab. 4.4 bietet einen Einblick in grundlegende Rahmengebung zur Gestaltung des Unterrichtsbeispiels.

Tab. 4.4 Einordnung in das Modell Professionellen Unterrichtens (MPU)

	Sport – Planung zum „Ringen und Kämpfen"
Kontext-Dimension	Sport als Unterrichtsfach wird in allen Jahrgangsstufen gemäß den curricularen Vorgaben unterrichtet. Der zeitliche Umfang kann je nach Jahrgangsstufe variieren und liegt teilweise auch in der Hand der Schulen. Mit dem Übergang von der Sekundarstufe I in die Sekundarstufe II besteht häufig die Möglichkeit, eine inhaltliche Schwerpunktsetzung vorzunehmen. Darüber hinaus könnte beachtenswert sein, welchen Stellenwert Sport an der Schule hat: Gibt es regelmäßig einen Leistungskurs im Unterrichtsfach Sport? Finden außerunterrichtliche Angebote im Bereich Sport statt und gibt es Anknüpfungsmöglichkeiten für Vereine? Werden Leistungssportys bei ihrem Karriereweg professionell und umfassend unterstützt? Wird regelmäßig an verschiedenen Turnieren und Wettkämpfen teilgenommen? Wie ist die materielle Ausstattung vor Ort und wie die Absprache mit der Kommune? Ermöglicht das schulische Setting die Teilnahme an Fortbildungen für die Kollegys? Findet regelmäßige und aktive Fachschaftsarbeit statt und werden regionaltypische Sportfahrten (Skifahrt, Segeln, etc.) durchgeführt?

(Fortsetzung)

Tab. 4.4 (Fortsetzung)

	Sport – Planung zum „Ringen und Kämpfen"
Was-Dimension	Sek I: Die Inhalte für das Unterrichtsvorhaben orientieren sich an den Anforderungen der entsprechenden Lehrpläne. Das Beispiel fokussiert sich auf die Bewegungsfeld spezifischen Kompetenzerwartungen der Bewegungs- und Wahrnehmungskompetenz. Die Schülys können: „[…] normungebunden mit- und gegeneinander um Raum und Gegenstände im Stand und am Boden kämpfen, […] in einfachen Gruppen- und Zweikampfsituationen fair und regelgerecht kämpfen." (Ministerium für Schule und Weiterbildung des Landes Nordrhein-Westfalen, 2019, S. 27). Sek II: Der inhaltliche Schwerpunkt des Unterrichtsvorhabens liegt auf der Gestaltung von Spiel und Sportgelegenheiten, was die Planung, Durchführung und Bewertung von Wettkämpfen miteinbezieht. Bspw. können die Schülys: „[…] bewegungsfeldspezifische Wettkampfregeln erläutern und bei der Durchführung von Wettkämpfen umsetzen." (Ministerium für Schule und Weiterbildung des Landes Nordrhein-Westfalen, 2014, S. 34). Der Unterrichtsprozess des Vorhabens knüpft durch die umfassende Auseinandersetzung an den Kompetenzbereichen der Sach-, Methoden und Urteilskompetenz an.
Wer-Dimension	Die geplante Einheit findet mit Schülys der Unterstufe und Oberstufe statt. Hierbei sind deren subjektiven Zugänge zum Kämpfen und dem Themenfeld „Ritter" (evtl. geprägt durch Vereinssport, soz. Medien, Alltagserzählungen, …) sowie Erwartungen an das Bewegungsfeld entscheidend für den Verlauf des Unterrichts. Die individuelle Entwicklung der Schülys spielt neben den sozialen Faktoren des Klassengefüges eine bedeutende Rolle, die es für die Planung zu berücksichtigen gilt. Für das geplante Vorhaben ist zudem von Interesse, welche Gruppendynamiken vorliegen und inwieweit die motivationale Lage der Klasse bei einem entsprechenden narrativen Zugang einzuschätzen ist, da dies Konsequenzen für das methodische Vorgehen haben kann.
Wie-Dimension	Die methodischen Möglichkeiten richten sich entlang von (schulinternen) Lehrplänen, fachdidaktischen Modellen und entsprechenden Angaben aus Lehrbüchern aus. Als Orientierung für das vorliegende Beispiel wird sowohl Portfolioarbeit (Unterstufe) als auch Projektarbeit (Oberstufe) gewählt.
Selbst-Dimension	Welche subjektiven Annahmen der Lehrkraft liegen zu „gutem" Sportunterricht vor? Welche langjährigen Erfahrungen beeinflussen die Wahl von Vermittlungsmethoden? Inwieweit liegen präferierte eigene Narrative vor? Welches Professionalitätsverständnis liegt vor und wie beeinflusst es meinen eigenen Unterricht?

4.2.1 Das Beispiel: „Die Rückkehr der Königsgarde – Aufstieg in den Ritterstand"

Die folgenden Abschnitte liefern Informationen zu den beiden Unterrichtsvorhaben in der Unter- und Oberstufe. In den Tabellen werden die Inhalte der einzelnen Unterrichtseinheiten aufgeführt. In den Ausführungen zum gamifizierten Unterrichtsvorhaben der Unterstufe wird neben dem inhaltlichen Kern auch der narrative Bezug (*siehe Tools*) hergestellt, um an die übergeordnete Story anknüpfen zu können. Bei den Ausführungen zum Oberstufenkurs wird die Projektplanung und -durchführung aufgezeigt. Hauptanliegen ist hier, das Turnier erst „normal" zu planen und anschließend mit der Gamifizierung (*Bauplan Gamifizierung, siehe Tools*) zu upgraden. Aus einer gesamtplanerischen Perspektive macht es Sinn, die einzelnen Phasen des Vorhabens aufzugliedern und das Unterrichtsvorhaben der 5. Klasse durch das der Oberstufe zu umrahmen.

Im Anschluss dieser Ausführungen finden sich die Story-Bible (*siehe Tools*), die Aufschluss über das erdachte Narrativ gibt, sowie eine Übersicht mit den verwendeten Game-Design-Elementen/-Prinzipien (s. Abschn. *2.2*). Beide Abschnitte sind als grundsätzlich erweiterbar zu verstehen und sollen inspirieren. Sie decken entsprechend nur einen Teil der Möglichkeiten ab (Tab. 4.5 und 4.6).

Tab. 4.5 Gamifiziertes Unterrichtsvorhaben der Unterstufe: *„Die Rückkehr der Königsgarde – Aufstieg in den Ritterstand"*

UE	Inhaltlicher Kern und narrativer Bezug
1	**Inhaltlicher Kern:** Die Schülys werden über das geplante „Ritter-Turnier" informiert und die Turniervorbereitung und -teilnahme als Ziel der kommenden Stunden benannt. Die wichtigsten Rituale und Regeln für das „Kämpfen mit- und gegeneinander" werden eingeführt und bei der Durchführung von ausgewählten Vertrauens- und Kooperationsspielen zur Anbahnung von Körperkontakt erprobt und reflektiert. **Narrativer Bezug:** Der Herold erscheint in Begleitung eines Gefolges (kostümierten Oberstufenschülys) im Sportunterricht und kündigt das Turnier zu Ehren des Königs an. Der sagenumwobene „Atlas der Kampfkünste" wird vom Hofzauberer an die Klasse übergeben. Dieser enthält neben Tipps zur Vorbereitung auf das Turnier auch die wichtigsten Knigge der „Ritterlichkeit" (Regeln und Rituale).

(Fortsetzung)

Tab. 4.5 (Fortsetzung)

UE	Inhaltlicher Kern und narrativer Bezug

2   **Inhaltlicher Kern:**
Die Schülys absolvieren die erste Einheit zum partnerweisen Kämpfen um a) Gegenstände, b) Raum, c) Gleichgewicht, d) Körperposition(en). Dabei wiederholen und reflektieren sie die besprochenen Regeln und Rituale im Klassenverband. Im Stundenverlauf werden feste Arbeitsgruppen für die kommenden Wochen gebildet, welche zugleich als Teams für das Abschlussturnier dienen. Es erfolgt die Einführung des individuellen Kampf-Portfolios sowie die Ankündigung der Team-Wochen-Challenge zur „Ritterfitness".
Narrativer Bezug:
Die Schülys öffnen den „Atlas der Kampfkünste" und erhalten einen Brief vom Hofzauberer mit dem Aufbauplan, Stationskarten, Quest sowie eine Erklärung zum „Kampfkunst-Erbe" (Portfolio). Die Schülys dokumentieren ihren Fortschritt im eigenen „Kampfkunst-Erbe" und werden durch den Waffenmeister (Oberstufenschüly) über die wöchentliche Herausforderung mit dem Motto: „entrostet, standhaft, fit" informiert.

3   **Inhaltlicher Kern:**
Die Schülys absolvieren die zweite Einheit zum partnerweisen Kämpfen. Die Dokumentation der individuellen Lösungsstrategie erfolgt im Portfolio (Kompetenz, siehe Glossar). Der Austausch über die verschiedenen Ideen erfolgt im Team. Für die erste Team-Challenge müssen sich die Schülys einen Team-Namen zulegen und einen Schlachtruf entwickeln. Es erfolgt eine Ankündigung der zweiten Team-Wochen-Challenge zum „Schurken-Check"
Narrativer Bezug:
Die Schülys öffnen erneut den „Atlas der Kampfkünste" und erhalten wieder einen Brief vom Hofzauberer mit der täglichen Quest. Die Schülys dokumentieren ihren Fortschritt im eigenen „Kampfkunst-Erbe". Die neu erschienene Turnierleiterin fordert die Schülys dazu auf, einen Teamnamen und Schlachtruf zu entwickeln. Ein Waldläufer informiert über die neue Herausforderung mit dem Motto: „meisterhaft, präzise, flink".

4   **Inhaltlicher Kern:**
Die Schülys absolvieren die Einheit zum Kämpfen in Gruppen und Kleingruppen, und die Dokumentation von gemeinsamen Lösungsstrategien erfolgt nach dem Austausch im Team im individuellen Portfolio. Die Team-Challenge umfasst das Erstellen eines eigenen Wappens/Schild/Banners.
Narrativer Bezug:
Die Schülys öffnen den „Atlas der Kampfkünste" und erhalten wie üblich die Quest vom Hofzauberer. Die Schülys dokumentieren ihren Fortschritt im eigenen „Kampfkunst-Erbe". Es erfolgt eine Ankündigung der wöchentlichen Herausforderung durch den Hofschmied, der die Teams mit der Fertigstellung eines eigenen Wappens/Schild/Banners beauftragt.

Tab. 4.5 (Fortsetzung)

UE	Inhaltlicher Kern und narrativer Bezug
5	**Inhaltlicher Kern:** Die Schülys erhalten Informationen zu den Disziplinen des Ritter-Turniers und bereiten sich unter Verwendung der eigenen Portfolios in ihren Teams entsprechend darauf vor. **Narrativer Bezug:** Der Hofnarr kündigt die einzelnen Disziplinen des Ritterturniers an und erklärt die Wettkampfregeln, woraufhin die Vorbereitung für das Turnier in die finale Phase geht.
6	**Inhaltlicher Kern:** Am Turniertag erscheinen die Schülys sporttauglich kostümiert in der vorbereiteten Halle und werden von den ebenfalls kostümierten Oberstufenschülys durch das Turnier begleitet. Es erfolgen Auseinandersetzungen in Einzel- und bei Gruppenkämpfen. Außerdem können Punkte (Pointifizierung, siehe Glossar) durch das Absolvieren bekannter Challenges gesammelt werden. Den Abschluss bildet eine Disziplin, bei der die Schülys gegen die Oberstufe antreten müssen. **Narrativer Bezug:** Nach dem Einmarsch der SuS in die dekorierte Arena, erfolgt der Einzug des Königs. Dieser erscheint mit Gefolge und der Königsgarde und hält eine Ansprache, in der er das Ziel des Turniers bestimmt. Es sind die bekannten Charaktere aus den Herausforderungen vertreten. Der Abschlusskampf findet gegen die Königs-Garde statt. Am Ende ehrt der König alle Teilnehmys und nimmt sie in die Garde auf.

Tab. 4.6 Unterrichtsvorhaben der Oberstufe: *Planung, Durchführung und Evaluation eines Turniers im „Ringen und Kämpfen"*

Gesamtübersicht:
Ziel des Projekts ist es, die Schülys der Oberstufe aktiv in die Planung, Durchführung und Auswertung eines sportlichen Turniers zu integrieren, das unter einem mittelalterlichen, gamifizierten Thema steht. Das Projekt fördert organisatorische Fähigkeiten, Kreativität, Teamarbeit und sportliches Engagement.
Teil 1: Turnierplanung
Die ersten Stunden umfassen die Turnierplanung, wobei die Lehrkraft die Struktur vorgibt (Einführung in die Projektziele und -anforderungen, Überblick über die Aufgaben und den Zeitplan). Zudem werden die kampfbezogenen Inhalte der 5. Klasse bekannt gegeben (normungebundenes Kämpfen). Die Schülys erstellen einen Turnierplan mit allen Disziplinen und Zeitfenstern. Dabei legen sie die Reihenfolge der Wettkämpfe fest und entwerfen einen detaillierten Zeitplan für jede Phase des Turniers, der auch Pausen und Übergangszeiten berücksichtigt. Unter Aufsicht der Lehrkraft werden die Rollen und Verantwortlichkeiten für das Turnier verteilt.
- Turnierleitung: Verantwortlich für die Gesamtkoordination.
- Riegenführung: Leitung der einzelnen Wettkampfgruppen.
- Schiedsrichtys: Überwachung der Wettkämpfe und Einhaltung der Regeln.
- Weitere Rollen: z. B. Logistik, Kommunikation, Sicherheit.

(Fortsetzung)

Tab. 4.6 (Fortsetzung)

Teil 2: Gamifizierung des Turniers

Das Konzept der Gamifizierung wird vorgestellt (Bauplan Gamifizierung, siehe Tools) und anhand von Beispielen erläutert. Es erfolgt das Brainstorming und die Abstimmung über die Hintergrundgeschichte (z. B.: Beitritt zur Königsgarde als Hauptziel), die ggf. auch mit Unterstützung einer KI (Gamifizierung mit KI erstellen, siehe Glossar) erfolgen kann. Anschließend werden die Turnierinhalte mit der Story abgeglichen:

- Umbenennung der Disziplinen (z. B. Tjost statt Schwertkampf, Buhurt statt Ringen).
- Narrativ umsetzen (Nachwuchs für die Königs-Garde gesucht, Turnierregeln als Knigge des Ritterstands, …)
- Einbettung von Challenges und Quests (z. B. Ritterfitness, Schurken-Check, Schlachtruf & Wappen entwerfen, …)

Außerdem werden die festgelegten Rollen erweitert oder abgeändert:

- König und Edelleute: treffen repräsentative Aufgaben und Entscheidungen des Turniers
- Garde: Unterstützen und beraten die Turnierleitung, übernehmen Schiedsrichterfunktion
- Narr: Unterhaltung und Spaß, interaktive Spielelemente
- Herold: Verkündet wichtige Ereignisse und Ergebnisse im Unterricht der 5. Klässlys und beim Ritter-Turnier
- Hofzauberer: Coaching der Schülys unter Verwendung des „Atlas der Kampfkunst"
- Spezialfiguren: Waffenmeister, Waldläufer, Hofschmied sind verantwortlich für die Challenges während des Unterrichtsvorhabens der 5. Klässlys und beim Ritter-Turnier.

Zudem planen die SuS die Erstellung oder Beschaffung von Kostümen passend zu den Rollen (Meaningful Play, siehe Glossar). Um ein möglichst immersives Erleben zu fördern wird ebenfalls das rollenkonforme Auftreten geplant (Training und Rollenspiele zur Vorbereitung auf die Rollen, Entwicklung und Übung von mittelalterlicher Sprache und Gestik, ggf. mit KI) und geeignete Texte (Schreiben von Eröffnungsreden, Siegerehrungen und Zwischenansagen, Erstellung von Skripten für den Herold, Hofzauberer und andere Rollen) entwickelt und eingeübt.

Teil 3: Vorbereitung und Einführung der Story

Die Oberstufenschülys planen verschiedene Auftritte im Unterricht der 5. Klässlys. Dabei knüpfen sie am Rahmen der entwickelten Story an (Einstieg und Einführung des Handlungsstrangs durch den Herold und sein Gefolge, wiederkehrende Auftritte einzelner Charaktere für die wöchentlichen Herausforderungen, …).

Teil 4: Durchführung des Turniers

Das Turnier wird entsprechend der Planung aus den Vorstunden durchgeführt.

Teil 5: Auswertung

Die Projekt-Auswertung wird von den Schülys zum Abschluss angefertigt, wobei diese schriftliche Leistung aus zwei Teilen besteht. In Teil 1 liegt der Fokus auf dem den Prozess der Turnierplanung und -durchführung. Diese werden kriteriengeleitet ausgewertet, wobei über das strukturelle Vorgehen, die allgemeine Organisation, Teamarbeit und Kreativität reflektiert wird. In Teil 2 planen die Schülys unter Rückzug der gemachten Erfahrungen und eigener Erkenntnisse ein neues Turnier in einem anderen Bewegungsfeld, vorzugsweise im nächsten inhaltlichen Schwerpunkt.

4.2.2 Design

Bisher wurden bereits mehrere Einblicke in die Geschichte gegeben, die als erzählerischer Rahmen für die Unterrichtsreihe dient. Das Narrativ stellt dabei die zentrale Orientierung im Sinne einer narrativen Gamifizierung dar (Körner, 2024). Die folgende Story-Bible (*siehe Tools*) fasst die wesentlichen Kernpunkte dieser Geschichte in einer zusammen (Tab. 4.7).

Im folgenden Abschnitt werden die für das Unterrichtvorhaben verwendeten Game-Design-Elemente/-Prinzipien (siehe Abschn. *2.2*) tabellarisch aufgelistet. Zudem werden die zugeordneten Prinzipien aufgeführt.

- **Story:** Das Narrativ „Ringen und Kämpfen im mystischen Aetheria" bildet den erzählerischen Rahmen. Das Ziel ist die Vorbereitung und Teilnahme an einem Ritter-Turnier, um der Königsgarde beitreten zu können. Die Schülys übernehmen die Rollen der Protagonisten in der fiktiven Welt und schlüpfen in die Rollen von Knappen, die das ritterliche Kämpfen erlernen sollen. Auf ihrem Weg der Professionalisierung werden sie durch verschiedene Charaktere von Aetheria unterstützt, geprüft und herausgefordert.

Tab. 4.7 Story Bible: *„Die Rückkehr der Königsgarde – Aufstieg in den Ritterstand"*

Story-Design	Die Rückkehr der Königsgarde – Aufstieg in den Ritterstand
Tagline	Die Schülys starten als Knappen in der mystischen Welt von „Aetheria" und erhalten die Chance am Turnier des Königs teilzunehmen, um am Ende in die Reihen der Königs-Garde aufgenommen zu werden. Doch der Weg der Knappen ist herausfordernd, da das „ritterliche Kämpfen" in seiner edelsten Form erst noch erlernt werden muss.
Logline	Zu Beginn werden die Knappen durch den Herold „Eldric Lautrufer" über das Ritter-Turnier informiert und erhalten durch den Hofzauberer „Arcanus" zur Unterstützung den sagenumwobenen „Atlas der Kampfkünste". Dieser vermittelt den Knappen durch unterschiedliche Formate (Übungen, Quests, Tipps, Regeln und Knigge) alles, was eine echte Ritterin und ein echter Ritter über das Kämpfen wissen muss. Über den Verlauf werden die Knappen ein eigenes Vermächtnis als Manuskript verfassen („Kampfkunst-Erbe") und lernen gemeinsam den Herausforderungen von Aetheria zu trotzen, um in der Turnier-Arena siegreich zu sein.

(Fortsetzung)

Kapitel 1: Die ersten Prüfungen
Die Knappen öffnen den legendumwobenen „Atlas der Kampfkünste" und erhalten den geheimen Aufbauplan und die mystischen Karten für die erste Einheit des partnerweisen Kämpfens. Sie kämpfen um wertvolle Gegenstände, um den Raum, um das Gleichgewicht und um die Kontrolle über die Körperposition. Dabei reflektieren sie die erlernten Rituale und Regeln der Ritterlichkeit. Feste Ritterscharen werden gebildet, die als Teams für das glorreiche Abschlussturnier dienen. Jeder Knappe verfasst sein individuelles „Kampfkunst-Erbe". Unterstützt durch den mächtigen Waffenmeister Gorlan Eisenklinge bestehen die Knappen die ersten harten Prüfungen, die ihnen einiges abverlangen.

Kapitel 2: Strapazen und Geduld
In der zweiten Einheit des partnerweisen Kämpfens dokumentieren die Knappen ihre brillanten Lösungsstrategien im eigenen „Kampfkunst-Erbe" und tauschen im Team ihre weisen Ideen aus. Die Knappen entwickeln, angeleitet von der stolzen Turnierleiterin „Lady Elinor von Falkenstein", edle Hausnamen und donnernde Schlachtrufe. Die Knappen werden erneut auf die Probe gestellt, diesmal durch den geheimnisvollen Waldläufer „Silas Dunkelschritt", der die Fähigkeiten in Geschicklichkeit und Schnelligkeit auf eine harte Probe stellt.

Kapitel 3: Die Stärke der Gemeinschaft
Beim heldenhaften Kämpfen in Gruppen und Kleingruppen dokumentieren die Knappen ihre gemeinsamen triumphalen Lösungsstrategien im „Kampfkunst-Erbe". Die Knappen fertigen zudem ein eigenes prachtvolles Wappen, einen stolzen Schild oder ein beeindruckendes Banner an. Der geschickte Hofschmied „Wilfred Glutmeister" unterstützt die Teams bei der Anfertigung dieser Symbole, die den unerschütterlichen Teamgeist und das tiefe Zusammengehörigkeitsgefühl stärken.

Kapitel 5: Die Vorbereitung auf das Turnier
Der bunte und weise Hofnarr „Grom der Scherzbold" erklärt die glorreichen Wettkampfregeln und die edlen Disziplinen des Turniers. Die Knappen bereiten sich intensiv vor, nutzen ihr eigenes „Kampfkunst-Erbe" und entwickeln gemeinsam ausgefeilte Strategien. So sind sie optimal auf das bevorstehende Turnier vorbereitet.

Kapitel 6: Der große Turniertag
Am Tag des großen Turniers erscheinen die Knappen in prächtigen Rüstungen in der festlich dekorierten Turnier-Arena. Eldric Lautrufer kündigt den majestätischen Einzug des ehrwürdigen Königs an, der mit seiner Garde erscheint und das heldenhafte Ziel des Turniers verkündet. Die glorreichen Wettkämpfe beginnen mit epischen Einzelkämpfen, aufregenden Fähigkeitsproben und heldenhaften Gruppenwettkämpfen. Die Knappen sammeln wertvolle Punkte (siehe Glossar) durch das Absolvieren bekannter Herausforderungen, angeleitet von Gorlan Eisenklinge, Silas Dunkelschritt und Arcanus. Der Höhepunkt des Tages ist der heroische Abschlusskampf gegen die bis dato unbesiegte Königsgarde. Nun können sie beweisen, ob sie des Ritterstandes würdig sind. Nach spannenden Kämpfen werden die siegreichen Knappen zur feierlichen Siegerehrung gerufen. Der König lobt ihre Tapferkeit, ihr Geschick und ihre unvergleichliche Ritterlichkeit. Mit tosendem Applaus endet das große Ritterturnier. Die Knappen tragen nicht nur glänzende Medaillen und edle Urkunden nach Hause, sondern auch die Erinnerung an ein unvergessliches Abenteuer, das sie als wahre Ritter und Edeldamen des sagenhaften Königreichs Aetheria auszeichnet.

- **Ästhetik:** Die *Ästhetik* des Unterrichtsprojekts umfasst Kostüme für die Charaktere und eine an das Mittelalter und Fantasy angepasste Sprache. Das Portfolio-Design ist mittelalterlich gestaltet, mit vergilbten Manuskripten und Briefen des Zauberers auf ausgebleichtem Papier. Fanfaren, mystische Geräusche und mittelalterliche Musik begleiten Nachrichten, Audiobotschaften und das Öffnen des „Atlas der Kampfkünste". Die Namen der Stationskarten sind dem Narrativ angepasst, wie „Drachendrehen" statt „Schildkrötenwenden" oder „Goblin Rugby" statt „Schildkrötenrugby". Begriffe werden ebenfalls umbenannt, sodass aus Aufgaben Quests werden, aus Turnier Turnei und aus Schülys Knappen. Die Turnhalle wird unter Beachtung der Sicherheitsaspekte mittelalterlich geschmückt und es wird Werbung für das Turnier auf dem Schulgelände in Form von Plakaten und Flyern gemacht, wobei die Bilder mittels KI generiert werden können (*Gamifizierung mit KI erstellen, siehe Tools*).
- **Mechanik:**

  - *Meaningful Play:* Die Schülys können durch das Absolvieren der Herausforderungen Punkte (*siehe Glossar*) für das Turnier sammeln und entscheiden, auf welchem Schwierigkeitsniveau die Herausforderung absolviert werden soll. Ein Scheitern oder Gewinnen hat Konsequenzen: Gewinnen beeinflusst a) den Platz im Turnier, b) höhere Chancen auf zusätzliches hilfreiches Equipment für den Endkampf und c) die Anzahl der Runden gegen den Endgegner. Die Arbeit mit dem Portfolio beeinflusst das Maß an Einsatzbereitschaft (Preparedness/Readiness) im Turnier, und das Erlernen von Gruppen- und Einzelstrategien kann direkte Auswirkungen auf die Kämpfe in der Turnier-Arena haben.
  - *Feedback:* Erfolge und Niederlagen im normungebundenen Kämpfen des Unterrichts geben direktes Feedback über den Lernprozess. Nützliche Strategien werden durch das Portfolio dokumentiert und reflektiert. Der gemeinsame und individuelle Erfahrungswert (Erfahrungspunkte, ExP) gibt direktes Feedback (*siehe Glossar*) über die eigene Leistung und die Handlungsoptionen im Turnier.
  - *Gameplay Balance:* Die Niveaustufe der Herausforderungen darf gewählt werden. Schwierige Herausforderungen sind höher bewertet,

aber auch schwieriger zu absolvieren, was das Risiko lohnenswert macht. Nicht gemeisterte Herausforderungen können wöchentlich wiederholt werden. Je nachdem, wie erfolgreich die Challenges am Turniertag durchgeführt werden, variiert die Brauchbarkeit des wählbaren Equipments für den Endkampf, wie Bonus-Schild, Neustart-Option, 20-sekündiger Unverwundbarkeitstrank oder das Bezaubern des Gegners.

- *Medien:* Im Rahmen der schulischen Infrastruktur und der materiellen Ausstattung ist es möglich, eine Vielzahl unterschiedlicher Medien sinnvoll einzubinden, darunter Audio- und Videoaufnahmen, Briefe, Mappen, Karten, Plakate und KI-generierte Bilder und Texte.

4.3 Chemieunterricht gamifizieren

Das folgende Unterrichtsbeispiel ist exemplarisch im Basiskonzept „Struktur der Materie" angesiedelt. Ein Transfer der Grundideen auf andere Basiskonzepte ist ebenso möglich und erwünscht. Das Unterrichtsvorhaben ist für das Inhaltsfeld „Stoffe und Stoffeigenschaften" (Ministerium für Schule und Weiterbildung des Landes Nordrhein-Westfalen, 2019) geplant, wobei der fachliche Kontext variiert werden kann und im Sinne der narrativen Gamifizierung erweitert wird.

Das Kapitel richtet sich primär an Personen, die sich mit dem Kontext (hier: Chemieunterricht) regelmäßig auseinandersetzen und dementsprechend auch Erfahrungen in der Vermittlung des Inhaltsfelds „Stoffe und Stoffeigenschaften" haben. Daher wird der Fokus auf die Gamifizierung des abgebildeten Unterrichtvorhabens liegen. Das geplante Unterrichtsvorhaben findet im ersten Lernjahr Chemie beispielhaft in der 7. Klasse statt. Im Sinne des individualisierten Unterrichts in naturwissenschaftlichen Fächern (Landesinstitut für Lehrerbildung und Schulentwicklung (LI-Hamburg), 2009) erfolgt die Umsetzung via Portfolioarbeit (Raschke, 2010). Die Lehrkraft unterstützt hier maßgeblich bei der allgemeinen Umsetzung sowie bei der Gamifizierung des Unterrichts. Tab. 4.8 bietet einen Einblick in grundlegende Rahmengebung zur Gestaltung des Unterrichtsbeispiels.

Tab. 4.8 Einordnung in das Modell Professionellen Unterrichtens (MPU)

	Chemie – Jahrgangsstufe 7 (erstes Lernjahr)
Kontext-Dimension	Chemie als Unterrichtsfach wird überwiegend ab der siebten Jahrgangsstufe gemäß den curricularen Vorgaben unterrichtet. Der wöchentliche zeitliche Umfang kann je nach Jahrgangsstufe variieren und liegt teilweise in der Hand der Schulen. Darüber hinaus könnte beachtenswert sein, welchen Stellenwert Chemie und die MINT-Fächer im Allgemeinen an der Schule haben: Gibt es regelmäßig einen Leistungskurs im Unterrichtsfach Chemie? Finden außerunterrichtliche Angebote im Bereich Chemie statt und gibt es Anknüpfungsmöglichkeiten für externe Partnerorganisationen (Schülystudium an Universitäten, Praktikumsstellen in Chemie/Pharma-Firmen)? Werden fachlich interessierte Schülys bei ihrem Karriereweg professionell und umfassend unterstützt? Wird regelmäßig an verschiedenen Wettbewerben (IChO, Chem-pions, Chemie – die stimmt!, …) teilgenommen? Wie ist die materielle Ausstattung vor Ort? Ermöglicht das schulische Setting die Teilnahme an Fortbildungen für die Kollegys? Findet regelmäßige und aktive Fachschaftsarbeit statt und werden Exkursionen zu regionalen Vertretys der MINT-Fächer (Universitäten und Hochschulen, Forschungseinrichtungen, …) durchgeführt?
Was-Dimension	Die Inhalte des Unterrichtsvorhabens orientieren sich an den Anforderungen der entsprechenden Lehrpläne. Die Schülys können: „[…] Reinstoffe aufgrund charakteristischer Eigenschaften […] identifizieren […] Stoffe aufgrund ihrer Eigenschaften klassifizieren […] Experimente zur Trennung eines Stoffgemisches in Reinstoffe […] unter Nutzung relevanter Stoffeigenschaften planen und sachgerecht durchführen […] Aggregat zustände und deren Änderung auf Grundlage eines einfachen Teilchenmodells erklären […]" (Ministerium für Schule und Weiterbildung des Landes Nordrhein-Westfalen, 2019, S. 20). Das Beispiel fokussiert sich auf das Inhaltsfeld „Stoffe und Stoffeigenschaften", wobei die konzeptbezogenen Kompetenzen des Basiskonzepts „Struktur der Materie" im Vordergrund stehen.
Wer-Dimension	Die geplante Einheit findet mit Schülys der Mittelstufe statt. Hierbei sind deren subjektiven Zugänge zum Themenfeld „Chemie" (evtl. geprägt durch mediale Berichterstattung, soziale Medien, Alltagserzählungen, …) sowie Erwartungen an das Inhaltsfeld entscheidend für den Verlauf des Unterrichts. Die individuelle Entwicklung der Schülys spielt neben den sozialen Faktoren des Klassengefüges eine bedeutende Rolle, die es für die Planung zu berücksichtigen gilt. Für das geplante Vorhaben ist zudem von Interesse, welche Gruppendynamiken vorliegen und inwieweit die motivationale Lage der Klasse bei einem entsprechenden narrativen Zugang einzuschätzen ist, da dies Konsequenzen für das methodische Vorgehen haben kann. Ebenso gilt es zu berücksichtigen, welche Erfahrungen bzgl. Experimentalunterricht vorliegen, um das damit verbundene Arbeiten in Experimentiergruppen adäquat umsetzen zu können.

(Fortsetzung)

Tab. 4.8 (Fortsetzung)

Chemie – Jahrgangsstufe 7 (erstes Lernjahr)	
Wie-Dimension	Die methodischen Möglichkeiten richten sich entlang von (schulinternen) Lehrplänen, fachdidaktischen Modellen und entsprechenden Angaben aus Lehrbüchern aus. Als Orientierung für das vorliegende Beispiel wird die Portfolioarbeit mit dem Arbeiten in Experimentiergruppen kombiniert.
Selbst-Dimension	Welche subjektiven Annahmen der Lehrkraft zu „gutem" Chemieunterricht liegen vor? Welche langjährigen Erfahrungen beeinflussen die Wahl von Vermittlungsmethoden? Inwieweit liegen präferierte, eigene Narrative vor? Welches Professionalitätsverständnis liegt vor und wie beeinflusst es meinen eigenen Unterricht?

4.3.1 Das Beispiel: „Chemikus Reise – Der Orden der Alchemisten"

Die folgenden Abschnitte liefern Informationen zum gamifizierten Unterrichtsvorhaben, in denen neben dem inhaltlichen Kern auch der narrative Bezug hergestellt werden, um an die übergeordnete Story anknüpfen zu können. Im Anschluss dieser Ausführungen finden sich die Story-Bible (*siehe Glossar*), der Aufschluss über das erdachte Narrativ (*siehe Glossar*) gibt sowie eine Übersicht mit den verwendeten Game-Design-Elementen/-Prinzipien (s. Abschn. *2.2*). Beide Abschnitte sind als grundsätzlich erweiterbar zu verstehen und sollen inspirieren. Sie decken entsprechend nur einen Teil der Möglichkeiten ab (Tab. 4.9).

Das dargestellte Unterrichtsvorhaben bildet den inhaltlichen „Grundsockel" des Komplexes „Stoffe und Stoffeigenschaften" ab und hat das Ziel, den Schülys das Lösen der Abschlussaufgabe, ein *Egg-Race* (Gärtner & Scharf, 2001) zu ermöglichen. Die Stunden sind je nach Präferenz der Lehrkraft durch verschiedene Schwerpunktsetzungen erweiterbar. Insbesondere die Steckbriefe zu den Stoffeigenschaften bieten die Möglichkeit vermehrt zu experimentieren. Es ist zudem denkbar weitere Trennmethoden wie bspw. Chromatografie oder Destillation einzubetten. Gerade der Rahmen der Portfolioarbeit ermöglicht es den Schülys hier anzuknüpfen und in ihrem individuellen Lerntempo voranzuschreiten.

Tab. 4.9 Gamifiziertes Unterrichtsvorhaben der Jahrgangsstufe 7 *„Chemikus Reise – Der Orden der Alchemisten"*

UE	Inhaltlicher Kern und narrativer Bezug
1	**Inhaltlicher Kern:** Den Schülys wird der Umgang mit dem Portfolio (Mappe) vermittelt. Sie untersuchen exemplarisch verschiedene Stoffe und dokumentieren ihre Ergebnisse in ihrem Portfolio. Am Stundenende wird das Wissen zum sicheren Experimentieren überprüft. **Narrativer Bezug:** Chemikus bittet die Schülys um Hilfe und erklärt den Umgang mit dem „Forschertagebuch". Im Prozess finden die Adepten ein altes Buch „Arcana Chymica", welches die Geheimnisse der Stoffeigenschaften beschreibt. Golemina, das Elementarwesen der Erde, testet das Wissen der Adepten, bevor sie ihnen das Buch überlässt.
2	**Inhaltlicher Kern:** Die Schülys erstellen Steckbriefe für verschiedene Stoffe mit Informationen zu ihren Stoffeigenschaften **Narrativer Bezug:** Chemikus bekommt von den Elementarwesen den Auftrag, die fehlenden Seiten des „Arcana Chymica" neu zu schreiben. Die Adepten helfen, indem sie alle wichtigen Informationen zu den auf der Reise immer wieder neu auftauchenden Stoffen experimentell ermitteln, zusammentragen und auflisten.
3	**Inhaltlicher Kern:** Die Schülys führen ein Experiment zur Bestimmung der Siedekurve von Wasser durch und analysieren die Ergebnisse. Sie erarbeiten und ordnen die Fachbegriffe den entsprechenden Aggregatzuständen zu. **Narrativer Bezug:** Chemikus entdeckt eine Karte, die zu einem geheimen Labor führt, in welchem die Siedekurve erforscht wird. Dort treffen die Adepten auf Aquara, das Wasserwesen, das ihm die Fachbegriffe zu den Aggregatzuständen erklärt und den Adepten Aufgaben stellt.
4	**Inhaltlicher Kern:** Es erfolgt eine Einführung in das Teilchenmodell durch eine interaktive Präsentation. Die Schülys visualisieren das Modell in Gruppen und führen verschiedene Experimente zur Beobachtung der Aggregatzustandsänderungen durch. Die Schülys schlüpfen in die Rollen der Elementarwesen und stellen die Teilchenbewegungen und -abstände bei verschiedenen Aggregatzuständen nach. **Narrativer Bezug:** Chemikus und die Elementarwesen betreten die Höhle des Wissens, wo das Teilchenmodell erklärt wird. Golemina fordert die Adepten heraus, das Teilchenmodell richtig zu erklären und die Veränderungen darzustellen, um den nächsten Hinweis zu erhalten. Die Adepten werden zu zeitweilig Elementarwesen des Wassers.

(Fortsetzung)

Tab. 4.9 (Fortsetzung)

UE	Inhaltlicher Kern und narrativer Bezug
5	**Inhaltlicher Kern:** Die Schülys bestimmen die Dichte von verschiedenen Festkörpern und Flüssigkeiten im Experiment mithilfe der Wasserverdrängungsmethode.**Narrativer Bezug:** Chemikus findet ein Dichtemesser, ein magisches Werkzeug zur Bestimmung der Dichte. Aeris, das Luftwesen, stellt eine Herausforderung zur Bestimmung der Dichte, bevor es den weiterhilft. Die Adepten messen die Dichte von magischen Tränken und eines geheimnisvollen Kristalls. Aquara stellt sicher, dass die Messungen korrekt durchgeführt werden.
6	**Inhaltlicher Kern:** Durchführung eines Egg-Race zur Trennung einer Eisenpulver-Salz-Wasser-Sand-Papier-Styropor-Mischung und Dokumentation der Schritte. Theoretische Aufarbeitung der verwendeten Trennmethoden**Narrativer Bezug:** Chemikus entpuppt sich als Meister des Ordens der Alchemisten und gibt ein Rätsel als Aufnahmeprüfung auf. Dafür müssen die Adepten Chemikus „Missgeschick" umkehren und den Elementarwesen Rede und Antwort stehen.

Da das Unterrichtsvorhaben u. a. den Anfang der experimentellen Arbeit in Gruppen darstellt, liegt hier auch ein Schwerpunkt im Unterrichtsgeschehen. Eine wichtige Lernvoraussetzung stellt hierbei das sichere Experimentieren und die korrekte Handhabung der Gerätschaften dar. Die muss in den vorherigen Einheiten vermittelt worden sein (z. B.: Geräteführerschein gemacht, etc.).

4.3.2 Design

Bisher wurden bereits mehrere Einblicke in die Geschichte gegeben, die als erzählerischer Rahmen für die Unterrichtsreihe dient. Das Narrativ stellt dabei die zentrale Orientierung im Sinne einer narrativen Gamifizierung dar (Körner, 2024). Die Story-Bible (*siehe Tools*) in Tab. 4.10 fasst die wesentlichen Kernpunkte dieser Geschichte zusammen.

Im folgenden Abschnitt werden die für das Unterrichtvorhaben verwendeten Game-Design-Elemente/-Prinzipien (s. Abschn. *2.2*) tabellarisch aufgelistet. Zudem werden die zugeordneten Prinzipien aufgeführt.

- **Story:** Das Narrativ (*siehe Glossar*) in „Stoffe und ihre Eigenschaften in Elementia" basiert auf einer fiktiven Welt, in der die Schülys als Adepten agieren und in den Orden der Alchemisten aufgenommen werden wollen. Diese Geschichte soll die Schülys dazu anregen, sich mit den verschiedenen Charakteren und Herausforderungen von Elementia auseinanderzusetzen. Dabei ist die Chemie nicht nur Thema, sondern ein funktionales Mittel und Teil der Umgebung. Die Schülys übernehmen die Rollen der Protagonisten und werden auf ihrem Weg der Professionalisierung durch verschiedene Charaktere unterstützt, geprüft und herausgefordert.
- **Ästhetik:** Das Unterrichtsmaterial ist mittelalterlich gestaltet, um das Narrativ ästhetisch zu unterstützen. Dies umfasst das Portfolio-Design, die schriftlichen Aufgabenstellungen und Versuchsanleitungen, die an das Thema angepasst sind. Die Elementarwesen und Chemikus sind als Avatare dargestellt, sodass sie den SuS eine visuelle Orientierung bieten.
- **Mechanik.**

  - *Meaningful Play:* Die Schülys können durch das Absolvieren der Aufgaben im Portfolio neue Story-Kapitel freischalten. Sie selbst entscheiden, auf welchem Schwierigkeitsniveau sie von den Elementarwesen geprüft werden, wobei ein Scheitern oder Gewinnen Konsequenzen hat. Gewinnen beeinflusst die Schwierigkeit der weiteren Prüfungen und bietet höhere Chancen

Tab. 4.10 Story Bible: „*Chemikus Reise – Der Orden der Alchemisten*"

Story-Design	Chemikus Reise – Der Orden der Alchemisten
Tagline	Die Adepten beginnen als junge Chemiker*innen in der geheimnisvollen Welt von Elementia und unterstützen Chemikus bei seinen Aufgaben. Ihr Ziel ist es, alle Rätsel und Herausforderungen zu meistern und am Ende gemeinsam in den Orden der Alchemisten aufgenommen zu werden.
Logline	Zu Beginn bittet Chemikus die Adepten um Hilfe. Im Gegenzug führt er die Adepten in die Welt der Chemie ein. Auf ihrem Weg bekommen sie zusätzliche Unterstützung durch unterschiedliche Elementarwesen und das Buch „Arcana Chymica". Durch die Experimente und Theorien lernen die Adepten die grundlegenden Konzepte der Chemie kennen. Über den Verlauf dokumentieren sie ihre Fortschritte und Erkenntnisse im „Forschertagebuch" und entwickeln ein tiefes Verständnis für die chemischen Prozesse, um schließlich alle Herausforderungen von Elementia zu bewältigen und dem Orden der Alchemisten beitreten zu können.

(Fortsetzung)

Tab. 4.9 (Fortsetzung)

Synopsis	**Kapitel 1: Angebot und Nachfrage** Chemikus bittet die Adepten um Hilfe. Dabei finden ein altes, geheimnisvolles Buch (Arcana Chymica), das die faszinierenden Geheimnisse der Stoffeigenschaften beschreibt. Golemina, das mächtige Elementarwesen der Erde, erscheint und testet das Wissen der Adepten. Sie fordert die Adepten heraus, ihre Entdeckungen in einem „Forschertagebuch" zu dokumentieren. Erst wenn sie genügend Wissen gesammelt haben, wird Golemina ihnen das Buch vollständig überlassen, sodass sie auf ihrer Reise vorankommen können. **Kapitel 2: Ordnung muss sein** Chemikus muss einige Seiten des Arcana Chymica erneuern und beginnt, Steckbriefe der verschiedenen Elemente und Verbindungen zu erstellen, die er auf seiner Reise entdeckt. Diese Steckbriefe enthalten wichtige Informationen zu den Eigenschaften und Anwendungen der Stoffe. Die Adepten arbeiten zusammen, um diese Steckbriefe zu vervollständigen, und erweitern so ihr „Forschertagebuch". Diese gesammelten Kenntnisse helfen ihnen, das Rätsel der Elementarwesen zu lösen und ihren Weg in der geheimnisvollen Welt von Elementia fortzusetzen. **Kapitel 3: Aquaras Prüfung** Auf ihrer Reise entdeckt Chemikus eine uralte Karte, die zu einem geheimen Labor führt. Dort trifft er auf Aquara, das weise Wasserwesen, das ihn und die Adepten in die komplexen Mysterien der Aggregatzustände einführt. Aquara stellt ihnen Aufgaben zur Bestimmung der Siedekurve von Wasser und erklärt die wichtigen Fachbegriffe zu den Aggregatzuständen. Durch das Lösen dieser Aufgaben erhalten die Adepten wertvolle Hinweise und lernen, wie sich Stoffe in verschiedenen Zuständen verhalten. **Kapitel 4: Sei wie Wasser** Chemikus und die Elementarwesen betreten die mystische Höhle des Wissens, in der das uralte Teilchenmodell enthüllt wird. Golemina fordert die Adepten auf, das Teilchenmodell genau zu erklären und die Veränderungen bei verschiedenen Aggregatzustandsänderungen darzustellen. Sie müssen Experimente durchführen und ihre Beobachtungen im „Forschertagebuch" festhalten. Nur wenn sie die Aufgaben korrekt lösen, erhalten sie den nächsten Hinweis, der sie tiefer in die Geheimnisse von Elementia führt. Zum Abschluss schlüpfen die Adepten in die Rollen der mächtigen Elementarwesen des Wassers und erleben die verschiedenen Aggregatzuständen nach. Ihre Darstellungen und Entdeckungen bringen sie näher an das Verständnis der Materie und lassen sie weitere Rätsel der Elemente entschlüsseln. **Kapitel 5: Die Dichte als Schlüssel** Chemikus entdeckt ein magisches Werkzeug zur Bestimmung der Dichte: den Dichtemesser. Aeris, das luftige Elementarwesen, stellt den Adepten eine Herausforderung zur Bestimmung der Dichte verschiedener Stoffe. Sie müssen die Dichte von Festkörpern und Flüssigkeiten messen und ihre Ergebnisse im „Forschertagebuch" dokumentieren. Aeris prüft ihre Messungen und gibt ihnen nur dann den nächsten Hinweis, wenn die Messungen korrekt durchgeführt wurden. Chemikus und die Adepten müssen die Dichte magischer Tränke und eines geheimnisvollen Kristalls messen. Aquara überwacht ihre Versuche und stellt sicher, dass die Wasserverdrängungsmethode korrekt angewendet wird. Durch präzises Arbeiten und das Lösen dieser komplexen Aufgaben enthüllen sie weitere Geheimnisse der Dichte und der chemischen Eigenschaften von Stoffen in Elementia. **Kapitel 6: Ich bin jetzt der Meister** Der Großmeister des Ordens ist Chemikus. Dieser stellt die Adepten vor das ultimative Rätsel: die Trennung eines bunten Gemischs aus verschiedenen Stoffen. Die Elementarwesen stellen sicher, dass die Adepten die Trennmethoden korrekt anwenden und die chemischen Hintergründe verstehen. Durch das erfolgreiche Trennen der Stoffe und das Dokumentieren der Schritte im „Forschertagebuch" bestehen die Adepten die Aufnahmeprüfung in den Orden der Alchemisten. Der Auftakt für ein neues Abenteuer in Elementia ist geschafft.

auf zusätzliches hilfreiches Equipment bei der Abschlussprüfung. Die Arbeit mit dem Portfolio hat direkten Einfluss auf den Wissensstand der Schülys und damit auch auf deren Einsatzbereitschaft für die Aufnahmeprüfung. Die im Prozess gemachten Entscheidungen zum aktiven Experimentieren können die Aufgabenbewältigung der Abschlussprüfung beeinflussen.

– *Feedback:* Feedback wird durch die gestellten Aufgaben und Arbeitsaufträge gegeben, welche direkt Rückmeldung über den Lernprozess liefern. Nützliche Strategien werden im Portfolio dokumentiert und angeleitet reflektiert. Der gemeinsame und individuelle Erfahrungswert (Erfahrungspunkte, ExP) gibt Rückmeldung über die eigene Leistung und den Grad an Bereitschaft die Prüfung antreten zu können.

– *Gameplay-Balance:* Die Niveaustufe der Arbeitsaufträge darf gewählt werden, was durch differenziertes Unterrichtmaterial unterstützt wird. Gleiches gilt für die Anzahl der zu erledigenden Experimente und die Reihenfolge bei der Durchführung. Schwierige Aufgabenstellungen sind höher bewertet, aber auch schwieriger zu absolvieren, was das Risiko lohnend macht. Nicht gemeisterte Experimente können wöchentlich wiederholt werden. Je nachdem, wie erfolgreich die Prüfungen der Elementarwesen bestanden wurden, variiert die Brauchbarkeit und Anzahl des wählbaren Equipments für die Abschlussprüfung.

• **Medien:** Es ist möglich, eine Vielzahl unterschiedlicher Medien sinnvoll einzubinden, darunter Audio- und Videoaufnahmen, Briefe, Mappen, Karten, Plakate und KI-generierte Bilder und Texte. So könnten bspw. kurze Audioaufnahmen der Aufgabenstellungen von Chemikus oder den Elementarwesen eingespielt werden; wöchentliche Textnachrichten von Chemikus als Teaser über die schulinterne Kollaborationssoftware (z. B.: MS Teams) verschickt werden; eine gebastelte Version des Arcana Chymica jede Stunde am Lehrpult bereitliegen, usw. Diese technologischen Möglichkeiten bieten den Schülys eine breite Palette an Hilfsmitteln und Gestaltungsspielräumen, um die Geschichte von „Elementia" zu erleben und zu dokumentieren. Die Lehrkraft fungiert dabei als Moderator und Begleiter, der Hinweise gibt und den Prozess unterstützt.

4.4   Spanischunterricht gamifizieren

Im Folgenden illustrieren wir Möglichkeiten der Gamifizierung für den Spanischunterricht, zum Beginn des Spracherwerbs. Das Beispiel für eine fünfte Jahrgangsstufe folgt der Idee, das Entdecken erster Ansätze der Sprache spielerisch zu gestalten. Es geht also nicht um die Gamifizierung einer weiterführenden Reihe, die bereits auf diverse Lernvoraussetzungen in der Zielsprache zurückgreifen kann – wie im Beispiel zum Fach Englisch –, sondern um eine Möglichkeit des spielerischen Einstiegs in das Erkunden einer neuen Fremdsprache. Das Beispiel ist deshalb an vielen Stellen relativ sprachenunspezifisch gehalten in der Hoffnung, eine exemplarische Illustration auch für andere Fremdsprachen anzudeuten.

Im Kern wirft das Beispiel die SuS zum Beginn des Spracherwerbs mitten in einen verlassenen Winkel des Weltalls auf, eine verlassene Space-Station. Mit leerem Treibstofftank landet die Schüler:innenschaft an der Station, die zwar verlassen wirkt, aber eine Fülle an Überbleibseln der ehemaligen Besatzung aufweist: einer spanischsprachigen Besatzung. Was macht die Station mit ihrem seltsamen, abgenutzten Logo dort? Und finden die Schüler:innen hier eine Lösung, um das eigene Raumschiff zu reparieren und weiterzureisen? (Abb. 4.1)

Die Station BIEN (übersetzt: „gut") umgeben mehrere Geheimnisse. Was bedeutet ihr Name? Wer hat hier gelebt und gearbeitet? Um die Station in Gang zu setzen und die ehemalige Besatzung erreichen zu können, müssen die SuS die Sprache für sich erschließen. Schließlich ist die Sprache für sie Neuland. Die Perspektive ist klar: Sobald die Station wieder mit Energie versorgt ist, kann auch die ehemalige Besatzung angefunkt werden.

Die folgende Tabelle bietet einen Einblick in grundlegende Rahmengebungen zur Gestaltung des Beispiels. Es vermittelt einen Eindruck

Abb. 4.1 Logo der verlassenen Raumstation (abgenutzt). (eigene Darstellung)

davon, wie die Einführung in eine Fremdsprache im Zuge der Gamification aufbereitet werden kann (Tab. 4.11).

Warum eine Space-Station? Warum Geheimnisse mitten im Universum und nicht etwa eine Story in einer mexikanischen Großstadt oder

Tab. 4.11 Einordnung in das Modell Professionellen Unterrichtens (MPU)

	Spanisch – Einführung Jahrgangsstufe 5
Kontext-Dimension	Spanisch als Unterrichtsfach ab der Jahrgangsstufe 5 wird als zweite Fremdsprache eingeführt (neben Englisch). Es handelt sich in diesem Beispiel um die zweite Fremdsprache neben Englisch. Für Schüler:innen besteht die Möglichkeit, nach der Jahrgangsstufe 10 bei einem Übergang in die Sekundarstufe II diese Fremdsprache weiterzuführen. Darüber hinaus könnte beachtenswert sein, welchen Stellenwert diese Fremdsprache an dieser Schule hat. Wird Spanisch beispielsweise im Rahmen von Exkursionen oder Klassen-/Kursfahrten relevant? Gibt es einen Schülyaustausch in spanischsprachige Länder?
Was-Dimension	Inhalte für die Reihe orientieren sich an Kompetenzen, die in Lehrplänen in diesem Fachbereich gefordert werden. Für dieses Beispiel sind dabei folgende Kompetenzbereiche exemplarisch ausschlaggebend: „funktionale kommunikative Kompetenz, interkulturelle kommunikative Kompetenz, Text- und Medienkompetenz, Sprachlernkompetenz, Sprachbewusstheit" (Ministerium für Schule und Bildung des Landes Nordrhein-Westfalen, 2021, S. 13). Das Beispiel fokussiert sich in erster Linie auf eine funktionale kommunikative Kompetenz und eine Sprachlernkompetenz, wobei Ergänzungen oder spätere Anschlüsse an andere Kompetenzbereiche denkbar sind. Inhaltlich sollen die Schüler:innen in einem ersten Zugang einen einfachen Wortschatz finden und sich Strategien erarbeiten, um das eigene Lernen von Wortschatz und einfachen syntaktischen Merkmalen zu methodisieren.
Wer-Dimension	Für die Gestaltung der gamifizierten Reihe sind die Schülys entscheidend. Insbesondere subjektive Zugänge zur Sprache Spanisch (z. B. durch Urlaube, Hobbys) oder mögliche bilingual aufgewachsene Schüler:innen könnten Anhaltspunkte bilden, die im späteren Verlauf eine entscheidende Rolle spielen. Welche Erwartungen haben die Schüler:innen an das Erlernen einer neuen Sprache? Welche Themen spielen gerade für sie eine Rolle, die im Rahmen des Fremdsprachenunterrichts womöglich aufgegriffen werden (z. B. Lebenswelt)? Für die spezifische Konzeption und ihre Methoden sind außerdem Lernvoraussetzungen auf methodischer Ebene entscheidend: Wie ist die Gruppendynamik in der Klasse und wie verhalten sich üblicherweise Gruppenarbeiten? Wie ist die motivationale Lage dieser Klasse einzuschätzen bei einem spielerischen Zugang?
Wie-Dimension	Die methodischen Möglichkeiten richten sich entlang von (schulinternen) Lehrplänen, fachdidaktischen Modellen und entsprechenden Angaben aus Lehrbüchern aus. Orientierung bietet für das vorliegende Beispiel ein entdeckendes Lernen mit einer projektorientierten Gruppenarbeit, wobei die Gruppen ein gemeinsames Ziel verfolgen. Eine neue Sprache und die Funktionalität von kommunikativer Kompetenz in konkreten Handlungssituationen sollen erfahren und (narrativer) Anlass zum Lernen sein.
Selbst-Dimension	Ausgangspunkt dieser Konzeption ist der Gedanke, dass Entdecken Spaß machen kann. In dieser Hinsicht greift die Konzeption auch auf persönliche Präferenzen zurück: Über Geheimnisse und Rätsel kann das Entdecken eine zentrale Rolle spielen, und das Entschlüsseln eines ersten Zugangs zu Sprache spielt sich darin ein. Darüber hinaus bringt die Story mögliche Irritationen ein und schließt auch an persönliche Interessen an: Geheimnisse auf einer verlassenen Space-Station.

der galizischen Küste? Warum die Sprachfetzen selbst entschlüsseln und nicht mit einem gegebenen Fundus arbeiten? Für die Konzeption ergeben sich unzählige Alternativen („*Was wäre, wenn …?*", siehe *Glossar*) – und das ist völlig in Ordnung. Diese Konzeption bildet nur eine Möglichkeit der Gamifizierung unter vielen, und sie weicht zumindest narrativ vermutlich von einigen Lehrbüchern ab. Das also schon mal vorweg und später mehr dazu: Es gibt Alternativen zu einer Space-Story.

Die Erzählung und die dazugehörige gamifizierte Gestaltung sollen vor allem das Interesse der Schülys anregen und die Ungewissheit – die womöglich aus dem Unverständnis neuer Sprachformen resultieren kann – als grundlegendes Thema konstruktiv setzen. Werde ich verstehen, was einzelne Wörter bedeuten? Kann ich Sätze übersetzen? Wird mich die neue Sprache überfordern? Die Schülys werden es gemeinsam herausfinden, schließlich sitzen sie alle im selben Spaceshuttle irgendwo in der fremden Weite des Universums. Warum sie dort sitzen und wie die Gestaltung die Geschichte narrativ aufgreift, lässt sich mit dem Modell Professionellen Unterrichtens (*siehe Tools*) in einzelnen Dimensionen durchspielen.

4.4.1 Das Beispiel: ¿Perdidos en el espacio?

Was wäre, wenn …? Überall unendliche, luftleere Weite. Und Sterne. Unzählige Sterne und Planeten. Das gesamte Universum um das Space-Shuttle ist unentdeckt. Kein Mensch hat es je betreten. Das ist das Bild, das die Besatzung sieht, während ihr der Treibstoff auf dem Rückweg ihrer Exploration ausgeht. Irgendwo im Nirgendwo. Genau in diesem Moment stößt die Besatzung der Schülys auf eine riesige Raumstation, die verborgen hinter dem siebten Mond eines unbekannten Planeten schwebt. Was macht sie hier? Wer agiert auf der Station? Und vor allem: Kann die Besatzung dieser Station den Schüler:innen dabei helfen, wieder in bekannte Gefilde des Universums zurückzukehren?

Im Folgenden sind die groben Meilensteine des gamifizierten Designs als Unterrichtsreihe aufgelistet. Sie werden darauffolgend vor allem mithilfe des Verständnisses professionellen Unterrichts in Details ausgeführt und eingehender begründet (Tab. 4.12).

Tab. 4.12 Unterrichtsreihe ¿Perdidos en el espacio?. (5 Wochen à drei Stunden wöchentlich)

Woche 1: Llegada (Ankunft)	**Inhaltlicher Kern:** Präsentation der Story und des Problems: Die Schülys finden auf der Station einen langen Logbuch-Eintrag auf Spanisch. Darstellung unterschiedlicher thematischer Bereiche auf der Station, in denen Bausteine der Sprache und Hinweise aufzufinden sind. **Narrativer Bezug:** Das gemeinsame Ziel: Die Entschlüsselung der Teilbereiche wird dabei helfen, den Logbucheintrag zu übersetzen.
Woche 2: Exploración (Erkundung)	**Inhaltlicher Kern:** Die Schüler:innen erkunden Wörter und einfache Sätze in Gruppen in jeweiligen Themenbereichen. Sie arbeiten mithilfe von Material und Medien projektorientiert und erkunden ihren jeweiligen thematischen Bereich. Sie erstellen eigene Dokumentationen ihrer Erkenntnisse (z. B. nach grammatikalischen Strukturen, neuem Wortschatz). **Narrativer Bezug:** In jedem der Teilbereiche ist ein Teil des Codes versteckt, der die Energiezufuhr der Station wiederherstellt und damit die Möglichkeit bietet, quer durchs All wieder eine Kommunikation aufzubauen.
Woche 3: Desubrimiento (Entdeckung)	**Inhaltlicher Kern:** Gemeinsam erste, einfache Übersetzungen entwickeln. Der Fokus liegt auf einem funktionalen Verständnis, was passiert ist (nicht auf literarischer Exaktheit). **Narrativer Bezug:** Die Schülys bringen ihre neuen Erkenntnisse zusammen und versuchen gemeinsam, den gesamten Logbucheintrag zu entschlüsseln. Wer war hier auf der Station? Wo sind sie hin? Und wie kommen sie selbst von hier wieder weg? Es gelingt ihnen die Station wieder ins Laufen zu bekommen.
Woche 4: Trabajar en equipo (Im Team arbeiten)	**Inhaltlicher Kern:** Die Schüler:innen erhalten eine Nachricht der ehemaligen Besatzung und sollen gemeinsam eine Antwort formulieren. Jede Gruppe bereitet eine Antwort vor. Anschließend präsentieren die Gruppen untereinander und ergänzen. Final wird auf dieser Basis eine gemeinsame Antwort (unter Hilfe der Lehrkraft) an die ehemalige Besatzung, inklusive eigener Präsentation und bitten um Hilfe. **Narrativer Bezug:** Die Station läuft wieder, aber das Space-Shuttle der Schüler:innen benötigt immer noch Reparaturen und Treibstoff. Der Kontakt zur ehemaligen Besatzung bietet die Möglichkeit, Hilfe zu erhalten und sich nach außen zu verständigen.
Woche 5: Salida (Abflug)	**Inhaltlicher Kern:** Die SuS tauschen sich über das Gelernte aus und reflektieren den eigenen Erwerb. Dazu ist die Dokumentation und Sicherung grundlegender Vokabeln und Strukturen entscheidend über die jeweiligen Dokumentationen der Schülys **Narrativer Bezug:** Die Lehrkraft erhält die Antwort von der Besatzung auf die Anfrage der Schüler:innen. Der Hilferuf gelingt, sodass die SuS mit ihrem Raumschiff weiterfliegen und sich zurück Richtung Erde begeben können. Dort wartet die Besatzung der Raumstation auf sie, um sie kennenzulernen. Ihre Spanischkenntnisse werden also auch nach dem Abenteuer noch benötigt.

Diese chronologische Darstellung zeigt in etwa, welche inhaltlichen Schwerpunkte eine Reihe über fünf Wochen zum Einstieg in die Fremdsprache eine Rolle spielen könnten und vor allem, in welcher Art diese mit der Erzählung verknüpft sind. Die Schwerpunktsetzung liegt dabei auf einer Funktionalität von Sprache und dem Spracherwerb in einem konkreten Handlungs- und Problemkontext. Dieser Kontext ist per Definition von Ungewissheit durchzogen: Ungewissheit auf Ebene der neuen Fremdsprache (hier: Spanisch) und Ungewissheit durch die Geheimnisse um die Geschehnisse der Besatzung und der verlassenen Station. Vielleicht bietet die Ungewissheit die ein oder andere Möglichkeit für SuS, sich mit der Erzählung zu identifizieren. In jedem Fall soll die solidarische und selbstbestimmte Herangehensweise an den Spracherwerb bis hin zur gemeinsamen Übersetzung und Formulierung der Antwort die gemeinsame Ausgangslage einspielen: Alle sind hier, weil sie etwas Neues erlernen, und das Lernen hat eine Funktion.

Welche Rolle einzelne erzählerische Bausteine einnehmen und wie wesentliche Gestaltungsaspekte daran anschließen (könnten) lässt sich mithilfe von Elementen der Gamifizierung nach (Schell, 2012) darstellen und vorschlagen: Story, Mechanik, Ästhetik und Technologie (*Bauplan Gamifizierung, siehe Tools*).

4.4.2 Design

Bislang wurden bereits einige Einblicke in die Story (*siehe Glossar*) gewährt als erzählerischer Rahmen für die Unterrichtsreihe. Das Narrativ ist dabei die ausschlaggebende Orientierung im Sinne einer narrativen Gamifizierung (Körner, 2024). Die Story Bible (*siehe Tools*) in Tab. 4.13 bringt die wesentlichen Kernaspekte nochmals auf den Punkt.

Natürlich ließe sich eine andere Erzählung mit einer ähnlichen methodischen Vorgehensweise finden. Eine rätselhafte Geschichte zur Entschlüsselung einer neuen Sprache lässt sich ebenso in gewohnten oder zumindest näheren Umfeld thematisieren: eine Detektivgeschichte in Buenos Aires oder eine Schatzsuche auf den Balearen. Das Gleiche gilt für andere Fremdsprachen. Eine Zeitreise nach Rom, um bei lateinischen Übersetzungen direkt Hilfe von den Urheber:innen verlorener Texte zu erhalten; oder ein plötzliches Aufwachen in einem französischen Film

Tab. 4.13 Story Bible ¿*Perdidos en el espacio?*

Story-Design Tagline	¿Perdidos en el espacio? – Die Entdeckung der Station BIEN und die Rückkehr der INICIO Die Schüler:innen stranden mit ihrem beschädigten Raumschiff INICIO (Start, Anfang) auf einer verlassenen Raumstation mit dem Kennzeichen BIEN (gut) einer ehemaligen spanischsprachigen Besatzung und entschlüsseln Sprachhinweise, um den Rückflug mit ihrem beschädigten Raumschiff anzutreten.
Logline	Nach der Ankunft erkunden die SuS eine verlassene Raumstation in der Hoffnung, ihr eigenes Raumschiff reparieren zu können und Hinweise auf die Besatzung zu finden. Die verlassene Raumstation erzählt die Geschichte der ehemaligen Besatzung. Wer waren diese Menschen? Was haben sie gerne gemacht? Wo sind sie jetzt? Die Schülys müssen ihre Erkenntnisse zusammenbringen, um die letzten Logbucheinträge der Besatzung zu entschlüsseln, die Station in Gang zu bringen und Kontakt zur Außenwelt aufzunehmen. Sobald der Kontakt steht, müssen sie ihre ersten Erkenntnisse der Fremdsprache ins Spiel bringen und: kommunizieren.
Synopsis	Die unendlichen und ungewissen Weiten des Alls sind die Umgebung, in der sich die Schüler:innen auf ihrem beschädigten Raumschiff wiederfinden. Nach einer Erkundung des Universums sind sie auf dem Rückweg zur Erde. Als der Treibstoff zur Neige geht und die Schäden am Raumschiff die Weiterreise verhindern, erreicht das Raumschiff unverhofft eine Raumstation in der Nähe eines unbewohnten Planeten. BIEN prangt auf der Raumstation und in ihrem Inneren finden die Schülys den vollen Namen: Búsqueda Intergaláctica por Extraterrestres Nómadas. (Die Übersetzung „Intergalaktische Suche nach nomadischen Außerirdischen" wird den Schüler:innen nicht mitgeteilt, sondern ist Teil der Geheimnisse) Auf der Raumstation geht die Ungewissheit weiter. Die Station ist verlassen, obwohl die ehemalige Besatzung einiges an Inventar hinterlassen hat. In der Hauptzentrale der Station finden die SuS einen Logbuch-Eintrag auf Spanisch, der über die vergangene Besatzung und ihr Verbleiben berichtet. Der:die Schiffsmechaniker:in des Raumschiffs (Lehrkraft) ist überfordert. Von nun an sind die SuS auf sich gestellt, um den Eintrag zu entschlüsseln. Glücklicherweise finden sie in den unterschiedlichen Räumen der ehemaligen Besatzungsmitglieder Überbleibsel und Hinweise, mit denen sie gemeinsam einen ersten Übersetzungsversuch wagen können. Dabei entdecken sie in den Räumen vorrangig spanische Textbausteine für ihre Übersetzung, allerdings auch Bruchstücke aus anderen Sprachen. Schnell zeigt sich für die Schülys, dass die ehemaligen Besatzungsmitglieder und ihre Kapitänin unterschiedliche Interessen und Hobbys hatten: In einem Raum entschlüsseln sie mithilfe von Comics und Filmen, in einem anderen finden sie ein altes Computerspiel, das ihnen hilft, und in wieder anderen scheint jemand mit einer ausgeprägten Sammlung an Musik und Liedern gehabt zu haben. Möglicherweise entdecken die Schüler:innen weitere Räume. In jedem Fall hat die Besatzung kleinere Chatbausteine zurückgelassen, die das Geheimnis um die Station und den Code zum Re-Start der Station preisgeben – allerdings nur, wenn alles zusammengesetzt wird. Die SuS können also in den Räumen nach Interesse erkunden. Schlussendlich ist aber ihre Teamarbeit gefragt, um gemeinsam das Logbuch zu übersetzen, den Re-Start Code für die Station zusammenzusetzen und nach einer plötzlichen Nachricht endlich mit der Außenwelt zu kommunizieren. Wenn es gelingt, geht es zurück zur Erde, wo die ehemalige Besatzung auf die Schüler:innen wartet und sich auf ein Kennenlernen freut. Doch ein Geheimnis bleibt: Was sucht diese Station überhaupt in diesem fernen Winkel des Universums? Und: Hat sie es gefunden?

oder Comic im Französischunterricht. Im Bereich des Settings ließen sich genauso regionale Spezifika einbauen, wenn sie im Unterricht thematisiert werden und in Richtung interkultureller Wissens und Kompetenzbereiche führen sollen. In diesem Beispiel wird das Neue und Fremde von Fremdsprachen als Ausgangspunkt überspitzt: Im Ausprobieren und Evaluieren müsste sich zeigen (*Searchlight-Theory, siehe Glossar*), wozu das eine führt und inwieweit es in einem konkreten Setting als Beispiel funktioniert.

Das Narrativ in *¿Perdidos en el espacio?* geht also von einer unbekannten Umgebung und Ungewissheiten im Kontext aus – möglicherweise eine Empfindung, die beim Neuerlernen einer Sprache eine Rolle spielen könnte. Die Story soll dazu anregen, zu entdecken und mehr über die Station und die beteiligten Personen zu erfahren. In der Story ist die spanische Sprache damit nur teilweise Thema, vor allem aber ein funktionales Mittel und ein Teil der Umgebung. Da es sich um einen Einstieg in die Sprache und den Spracherwerb geht, sind mit den unterschiedlichen Räumen der Geschichte grundlegende Themen angesprochen, die für einen anfänglichen thematischen Bereich sinnvoll sein könnten: Hobbys, die eigene Person vorstellen, sich verabreden. Einerseits könnten den Schüler:innen damit selbstbestimmte Freiräume gegeben werden (*Selbstbestimmungstheorie, siehe Glossar*), sich in einem ersten Schritt vor allem mit jenen Räumen auseinanderzusetzen, die sie auch thematisch ansprechen; andererseits erschließen sich die Gruppen direkt mehrere Bereiche für erste Kommunikationen im Rahmen eines Kennenlernens neuer Personen.

In der Mechanik sollen sich diese Möglichkeiten zur Auswahl (*Autonomie, siehe Glossar*) ebenso widerspiegeln, wie die Dokumentation des eigenen Fortschritts über den Spracherwerb. Eine grundlegende methodische Entscheidung betrifft die Gruppenarbeit, die allerdings unter dem Ziel eines gemeinsamen Projekts läuft (*Soziale Eingebundenheit, siehe Glossar*). Erzählerisch schließt dies an die (interessengeleitete) Aufteilung in Räume, die Erkundung und schließlich gemeinsame Übersetzung und Kommunikation an. Die SuS agieren projektorientiert und kommen zur gemeinsamen Lösung einer Sprachbarriere zusammen. Für diese gemeinsame Lösung benötigen sie individuell und in den jeweiligen Gruppen eine zweckmäßige Dokumentation: für ihren eigenen Lernfortschritt und zur Weitergabe der von ihnen ermittelten Informationen an das Plenum.

Für diese Dokumentation erscheint es sinnvoll, (ästhetisch) aufbereitete Vorlagen zu geben, die als Hilfestellung eine Strukturierung einspielen. Gleichzeitig ließe sich sowohl in dieser Dokumentation einerseits ein prozessbegleitender Fortschritt erkennen als auch in der späteren gemeinsamen produktorientierten Lösung bei der Übersetzung des Logbuchs und der Kommunikation mit der ehemaligen Besatzung. Für die Lehrkraft als Vorbereitung wäre dementsprechend zu dem jeweiligen Material ein Erwartungshorizont mit Erwartungen bezüglich Wortschatz und grammatikalischer Formen die Orientierung für die Dokumentation der SuS.

Dieses Material stellt einen zentralen Punkt in dieser Konzeption dar: Es soll zu einem selbstregulierten Umgang mit der neuen Sprache und der Ungewissheit anregen *und* einen sprachlichen Einstieg bereitstellen. Die Anforderung an die Erstellung ist nicht ohne. Allerdings erscheint es gemäß des erzählerischen Rahmens ausreichend, einzelne Bruchstücke für die ehemalige Besatzung zu erstellen. Knappe Chatnachrichten, einzelne Liedverse, eine kurze Filmszene. Der Logbucheintrag als Orientierung bietet dabei den Anforderungsrahmen: In ihm sind die Themen, Wörter, Satzstrukturen in Gänze widergespiegelt, die über einzelne Räume erschlossen werden können. Insgesamt ist dieses Material also abgestimmt auf den Logbucheintrag und soll gleichzeitig so zersplittert sein, dass alle Räume und Gruppen relevant für die Entschlüsselung sind.

Die Zersplitterung kann sich räumlich widerspiegeln: Am Gruppentisch beispielsweise hinten links befindet sich der Raum von Besatzungsmitglied Rodrigo, der Musikliebhaber; vorne rechts Besatzungsmitglied Clara mit ihrem Interesse an Comics, vorne links Pedro mit seiner Detektiv-Filmsammlung. Hier ist die Gestaltung flexibel. Die Schüler:innen werden über diese Mechanik in eine entdeckende, detektivische Recherche- und Entschlüsselungsarbeit geworfen, die die Geschichte vorgibt und räumlich aufgegriffen wird. Die Lehrkraft als Mechaniker:in auf dem Raumschiff der Schülys kommt als Begleitung hinzu, gibt Hinweise und moderiert bei Schwierigkeiten das Entdecken und die Dokumentation. Für die Schüler:innen besteht dazu implizit die Möglichkeit, innerhalb der Gruppen und im Gesamtplenum bei der Bearbeitung des Logbucheintrags unterschiedliche Schwerpunkte in Rollen einzunehmen (*Meaningful Play, siehe Glossar*): Es muss nicht jede:r Wortführer:in sein bei den Feinheiten der Übersetzung des Logbuchs, der grammatikalischen Expertise, bei der Gestaltung einer Antwort auf die Nachricht von der Erde, bei der Enträtselung der einzelnen Räume. Aber es kann. Für die Schüler:innen mag das Interesse an einer Fremdsprache in unterschiedlichen Nuancen entstehen. Für die Lehrkraft besteht hier optional auch die Möglichkeit, bestimmte Rollen einzufordern und die Schüler*innen sich spezialisieren zu lassen.

Technologisch bietet dieser Aufbau die Möglichkeit, verfügbare Medien einzubinden (Ausdrucke, Chatnachrichten, Bilder/Memes, Audioaufnahmen, Filmszenen, Videospielszenen etc.). Dies ist letztlich variabel, in Abhängigkeit von den materiellen und infrastrukturellen Voraussetzungen vor Ort. Gleichzeitig schließt diese technologische Gestaltung an die *Ästhetik* von *¿Perdidos en el espacio?* an: Die anfängliche Erzählung der Lehrkraft als Ausgangspunkt und die späteren Einschübe (beispielsweise zum Starten der Raumstation) können soundtechnisch den Eindruck von Science-Fiction und den Weiten des Alls untermalen. Rhetorisch spiegelt sich die Erzählung vor allem in der Bruchstückhaftigkeit der Materialien: Die Station wurde verlassen; Überbleibsel leiten den Weg zum Entschlüsseln; einzelne, einfache Strukturen und Kenntnisse helfen funktional weiter; Bruchstücke werden zusammengebracht und das Ganze im Team entschlüsselt. Dazu kommt eine ästhetische Aufbereitung, die mit dem Akronym der geheimen Raumstation und dem eigenen Raumschiff der Schüler:innen Gestaltungsspielräume eröffnet.

Outro

Mittlerweile ist es Abend geworden. In der Gustav-Albrecht-Maria-Egon Gesamtschule brennen noch Lichter. Die Fachschaften werfen jegliche Mühen in die Aufgabe, das beste Konzept der Schule zu entwickeln. In der Sportfachschaft legt Phil gerade die Konzepte der anderen Fachschaften beiseite, die ihnen von dem Peter T. Crüger zugespielt wurden. Phil glänzen die Augen.

Phil   *„Wow, das sind spannende Ideen. Ich habe so meine Zweifel an der Umsetzung, aber hey: Probieren geht über Studieren."*

Plötzlich kommt die Englisch-Fachschaft durch die Tür, dicht gefolgt von Naima der Schülyvertretung und Sybille der Elternvertretung.

Ilkay	„Probieren ist Studieren, finde ich. Hello alle. Ihr seid also auch alle Konzepte durchgegangen? Dann sind wir auf demselben Stand."
Bernard	„Ich frage mich, was dieser Peter T. Crüger für ein Spiel spielt. Übrigens, schaut mal der Kaffeesatz in meiner Tasse. Sieht das nicht irgendwie aus wie ..."

Eine Durchsage der Rektorin erschallt in der Schule. Die Lautsprecher knistern, bevor die bekannte Stimme durch Räume und Gänge spricht:

Rektorin	„Hallo zusammen, natürlich kann ich Euch ein Update zum weiteren Vorgehen erstellen. Vielleicht fragt ihr euch, welche Rolle unser Fortbilder hat."
Bernard	„Schon wieder! Das habe ich doch gerade gefragt. Die hört mich ab. Merkt ihr das nicht?!"
Phil	„Pst, ich will das hören."
Rektorin	„Doch alles zu seiner Zeit. Ich befinde mich gerade nicht im Büro, bin aber über Eure tollen Fortschritte bei der Gamification informiert. Denkt bitte an die Erprobung der Konzepte. Wir brauchen handfeste Daten, um das beste Konzept auszuwählen. Ich werde die Muster im Lernverhalten äh Erfahrungen mit Euren Konzepten neutral und intensiv begutachten und für meine Entscheidung nutzen. Meldet Euch bei weiteren Fragen."
Ilkay	„Aber sie ist doch nie erreichbar für Fragen ..."

Hastige Schritte sind auf dem dunklen Gang vor dem Klassenraum zu hören. Plötzlich schaut Peter T. Crüger vom Flur rein.

Peter T. Crüger	„Wo ist der Raum für die Durchsagen? Von wo spricht die Rektorin?"
Naima	„Zweiter Stock, dritte Tür rechts von der Treppe, aber ..."

Der Fortbilder und Gamificator hört nicht länger zu, sondern verschwindet hastig wieder im dunklen Gang. Die Fachschaften hören, wie er in Richtung Treppe davon läuft, bis seine Schritte in den endlosen Leeren des Schulgebäudes schließlich verklingen.

Bernard	„Uff. Irgendwas geht hier vor sich. Ich spür das in meinem Kaffee."

Phil	„Kaffeesatz lesen, hihi."
Bernard	„Ich mein's ernst und dabei glaub ich da gar nicht dran. Schau mal hier in meine Tasse!"
Ilkay	„Sei's drum. Es wird spät und ich will noch ein paar Vertretungsstunden planen, Klassenarbeiten korrigieren, Elterngespräche vorbereiten und Termine mit meiner Fachleitung vereinbaren. Wir müssen ans Eingemachte. Die Konzepte stehen und jetzt wird erprobt. Kurz vor unserer nächsten Konferenz kommen wir zusammen und gleichen die Evaluationsergebnisse ab. Möge die bessere Englisch-Fachschaft gewinnen."
Phil	„Ha! Ich weiß genau, dass das eine Provokation war. Aber unser team-up2win wird als bestes Konzept ausgezeichnet. Unsere Story-Bible ist alleine schon der Hit, voll mit Easter Eggs und allem drum und dran. Nicht bloß Pointifizierung ohne Gesamtkonzept. Bereitet Euch auf eine Weltklasse-Umsetzung vor!"
Sybille	„Easter Eggs, Story-Bible? Ich verstehe die Pointe nicht?"

Literatur

Arlt, F., & Arlt, H.-J. (2023). *Gaming is unlikely: A theory of ludic action*. Springer Fachmedien. https://doi.org/10.1007/978-3-658-39964-1

Frommann, B. (2016). Turnier- und Wettkampfformen. *sportunterricht, 65*(7), 1–6.

Gärtner, H.-J., & Scharf, V. (2001). *Chemische Egg-Races in Theorie und Praxis*. *https://www.chemie-biologie.uni-siegen.de/chemiedidaktik/dokumente/service/fundgrube/chemrace.pdf*. Zugegriffen am 14.04.2024.

Ghafar, Z. N. (2024). Storytelling as an educational tool to improve language acquisition: A review of the literature. *Journal of Digital Learning and Distance Education, 2*(9), 781–790. https://doi.org/10.56778/jdlde.v2i9.227

Happ, S., & Liebl, S. (2015). Elementares Kämpfen: Ein Kampfstilübergreifender Ansatz für pädagogische Kontexte. In M. Meyer (Hrsg.), *Kampfkunst und Kampfsport in Forschung und Lehre: Material Arts Studies in Germany – Defining and Crossing Disciplinary Boundaries – Kampfkunst und Kampfsport in Forschung und Lehre 2015 – 5. Symposium der dvs-Kommission „Kampfkunst und Kampfsport" vom 30. September bis 2. Oktober 2015 in Mainz* (S. 93–103). Feldhaus.

Hummel, A., & Krüger, M. (2015). Bundesjugendspiele (BJS) und Jugend trainiert für Olympia (JTFO) als bundesweite Schulsport- wettbewerbe. *sportunterricht, 64*(12), 363–370.

Kickmeier-Rust, M. D., & Dietrich, A. (2012). A domain model for smart 21st century skills training in game-based virtual worlds. In IEEE Xplore (Hrsg.), 2012 IEEE 12th international conference on advanced learning technologies (S. 680–681). https://doi.org/10.1109/ICALT19660.2012

Körner, S. (2024). *Narrative Gamifizierung in der sportwissenschaftlichen Hochschullehre Konzeption – Durchführung – Evaluation* (1. Aufl.). Nomos.

Krishna, V. V. (2024). A I and contemporary challenges: The good, bad and the scary. *Journal of Open Innovation: Technology, Market, and Complexity., 10*(1). https://doi.org/10.1016/j.joitmc.2023.100178

Landesinstitut für Lehrerbildung und Schulentwicklung (LI-Hamburg). (Hrsg.). (2009). *Individualisierter Unterricht in naturwissenschaftlichen Fächern Naturwissenschaftliches Lernen in der Sek. I Das Beispiel Erich Kästner-Gesamtschule. http://www.transfer-21-hh.de/downloads/LI_HH_Individualisierter_Unterricht.pdf.* Zugegriffen am 14.04.2024.

Marczewski, A. (2018). *Even ninja monkeys like to play: Gamification, game thinking and motivational design.* CreateSpace Independent Publishing Platform.

McAdams, D. (1993). *The stories we live by.* Guildford Press.

Ministerium für Schule und Weiterbildung des Landes Nordrhein-Westfalen. (Hrsg.). (2014). *Kernlehrplan für die Sekundarstufe II Gymnasium/Gesamtschule in Nordrhein-Westfalen.*

Ministerium für Schule und Weiterbildung des Landes Nordrhein-Westfalen. (Hrsg.). (2019). *Kernlehrplan für die Sekundarstufe I Gymnasium in Nordrhein-Westfalen Sport.*

Ministerium für Schule und Bildung des Landes Nordrhein-Westfalen. (Hrsg.). (2021). *Kernlehrplan für die Sekundarstufe I Gesamtschule/Sekundarschule in Nordrhein-Westfalen.* Spanisch.

MSB (Ministerium für Schule und Bildung des Landes Nordrhein-Westfalen). (Hrsg.). (2023). Kernlehrplan für die Sekundarstufe II – Gymnasium in Nordrhein-Westfalen. Englisch. *https://www.schulentwicklung.nrw.de/lehrplaene/lehrplannavigator-s-ii/gymnasiale-oberstufe-neue-klp/englisch/hinweise-und-materialien/index.html.* Zugegriffen am 14.04.2024.

Porter Abbott, H. (2020). *The Cambridge introduction to narrative* (Cambridge introductions to literature, 3. Aufl.). Cambridge University Press. https://doi.org/10.1017/9781108913928

Raschke, T. (2010). *Methodenbox für den Chemieunterricht Planungstagung Chemie in den Bez.-Reg. Düsseldorf und Köln sowie weitere Autorinnen* (Bezirkregierung Düsseldorf & Bezirksregierung Köln, Hrsg.).

SBJWB (Senatsverwaltung für Bildung, Jugend und Wissenschaft Berlin). (Hrsg.). (2022). Rahmenlehrplan für die gymnasiale Oberstufe – Teil C – Englisch. Rahmenlehrpläne für die Oberstufe – Berlin.de

Schell, J. (2012). *Die Kunst des Game Design.* mitp Verlag.

SSBM (Staatsinstitut für Schulqualität und Bildungsforschung München). (o.J.). Fachlehrplan Englisch 12/13. *https://www.lehrplanplus.bayern.de/fachlehrplan/gymnasium/12/englisch/grundlegend.* Zugegriffen am 14.04.2024.

Treml, A. K. (2000). *Allgemeine Pädagogik. Grundlagen, Handlungsfelder, Perspektiven der Erziehung.* Kohlhammer.

5

Level 4 // Toolbox & Glossar

Intro

Die letzten Wochen des Schuljahres vergehen wie im Flug. Die Lehrkräfte arbeiten intensiv an ihren Konzepten oder diskutieren über Evaluations-ergebnisse. Einige sind vielversprechend, andere haben noch Luft nach oben. Doch die Zeit des Erprobens neigt sich dem Ende, denn in wenigen Stunden steht die Schuljahreskonferenz an. Die Lehrkräfte erfrischen sich an kaltem Kaffee und Tee, während im Raum der SV noch letzte Fragen ge-klärt werden. Naima, die Schülyvertretung wirft einen Ordner auf den Tisch, der unzählige lose Blätter enthält.

Naima	*„Dieser Peter T. Crüger hatte mal wieder keine Zeit, aber immerhin hat er mir ein Glossar gegeben. Du hattest doch noch Fragen: Schau mal hier rein. Da sind eigentlich viele Begriffe erklärt."*
Sybille	*„Super. Das Ganze wirkt allerdings ziemlich ungeordnet. Und was sollen die ganzen Notizen und Fragezeichen zur Rektorin und ihrem bisherigen Werdegang."*

Naima zuckt mit den Schultern. Kurz rauschen die Lautsprecher in der Schule, doch das Rauschen verklingt und es folgt keine Durchsage.

Sybille	„Wie lange haben wir bis zur Konferenz?"
Naima	„Eine Stunde ungefähr. Ich will das auf keinen Fall verpassen. Heute werden die Gewinner-Konzepte gekürt. Ich habe einige im Unterricht erlebt und muss sagen: Gar nicht übel. Nicht perfekt, aber nicht schlecht."
Sybille	„Ich bin auch gespannt und werde den anderen Eltern berichten. Allerdings muss ich mir vorher nochmal die Begriffe scharf kriegen. Schließlich will ich auf meinem Rundschreiben nachher nicht das Level mit dem Leaderboard verwechseln!"
Naima	„Äh okay. Dann lass uns diese chaotischen Glossareinträge einmal organisieren und die Einträge ordnen. Für alles haben wir keine Zeit, aber lass uns kurz durchsehen, was du brauchst."

Für den schulischen Unterricht bietet die Gamifizierung vielversprechende Möglichkeiten. Wir sind überzeugt, dass Gamifizierung sinnvoll in jedem Fachbereich angewendet werden kann. Dabei ist der Einstieg oft eine Herausforderung. Im Folgenden präsentieren wir die aus unserer Sicht wichtigsten und hilfreichsten Werkzeuge für den Einstieg (Abschn. 5.1). Wir erläutern kurz, was diese Werkzeuge bedeuten, welchen Nutzen sie haben und stellen in den meisten Fällen ein konkretes Arbeitsblatt zur direkten Anwendung bereit. Mit diesen Tools kann die praktische Umsetzung der Gamifizierung beginnen.

Im Zusammenhang mit Gamifizierung begegnen einem immer wieder spezielle Fachbegriffe, auf die wir auch in diesem Kapitel eingehen. Eine Auswahl dieser Begriffe und ihre Bedeutung im Kontext der Gamifizierung finden Sie in unserem Glossar (Abschn. 5.2).

5.1 Tools

Mit den folgenden Tools bringen wir den Nutzen und die Anwendung einiger zentraler Konzepte und Hilfsmittel zur Gestaltung gamifizierter Lernumgebungen auf den Punkt. Wir orientieren uns bei der Auswahl an jenen Tools, die uns selbst hilfreich erscheinen und die wir auch im Kontext z. B. der Hochschullehre aufgreifen (Körner et al., 2024a, b). Um

diese Hilfsmittel anzuwenden, finden sich dazu einige Muster und Vorlagen, die eine Orientierung für die eigene Gestaltung von gamifizierten
Lernumgebungen bieten können.

5.1.1 Bauplan Gamifizierung

Was ist das?

Für die Gamifizierung kann man auf eine Gliederung zurückgreifen, um
einzelne Aspekte zu organisieren und den Überblick leichter zu behalten.
Wir orientieren uns für einen Bauplan zur Gamifizierung an Schell
(2015), einem Game-Designer. Dieser Bauplan umfasst vier Komponenten (Story, Ästhetik, Mechanik und Medium). Der entscheidende Punkt
ist dabei, dass diese Komponenten aufeinander abgestimmt werden.

- *Story* bezieht sich auf die Geschichte: Eine gamifizierte Lernumgebung
  bringt vor allem in der Narrativen Gamifizierung (Narrative Bezüge,
  siehe Tool) eine Geschichte mit, die einen Rahmen schafft. Es gibt
  einen Anlass und ein Ziel („Lüftet das Geheimnis der verlassenen
  Raumstation" oder „Bereitet Euch auf das Ritterturnier vor und ge-
  winnt es!"). Dazu kann die Story natürlich Charaktere mitbringen,
  möglicherweise auch Held:innen oder Bösewichte. Die Story gibt
  Handlungsverläufen einen erzählerischen Rahmen. Der kann ganz
  gradlinig und einfach, oder auch komplex und verworren dargestellt sein.
- *Ästhetik* ist jene Komponente der Gamifizierung, die sich auf die sinnliche Wahrnehmung richtet. Wie können die Lernenden die
  Lernumgebung, Aufgaben, Instruktionen und mehr erleben?
  Beispielsweise spielen vielleicht Musik und Audioaufnahmen eine
  Rolle, um eine gewisse Immersion zu schaffen; Arbeitsblätter sind in
  einem gemeinsamen, speziellen Design gestaltet; Material und Räume
  weisen ganz besondere Designs auf, die im zur Story passen.
  Beispielsweise hat das Ritterturnier eine ganz eigene Ästhetik, die
  Science Fiction Reihe in Spanisch wiederum andere Sounds, Rhethorik
  und Requisiten.

- *Mechanik* betrifft jene Designdimension zur Bindung der Lernys an die Inhalte und Aufgaben. Wie sind Handlungen strukturiert? Was dürfen, können, sollen die Lernys machen? Wofür kriegen sie Punkte? Oder geht es um etwas ganz anderes? Für Mechaniken macht eine Orientierung an Design-Prinzipien wie Meaningful Play, Feedback, Gameplay Balance und Flow: Deren Berücksichtigung kann dabei helfen, dass Lernys motiviert dran bleiben und sinnvoll gefordert sind.
- *Medium* betrifft die technologische und materielle Infrastruktur als Grundlage für die Gamifizierung: Hier lässt sich alles auflisten vom Klebezettel hin bis zu den Bedingungen in der Sporthalle.

Was nützt mir das?
Eine gamifizierte Lernumgebung profitiert von der Abstimmung aller Komponenten aufeinander. Das macht die Umgebung vielleicht besonders immersiv und spannend, in jedem Fall greifen dann verschiedene Aspekte plausibel ineinander: Eine Instruktion im Ritterturnier ist vielleicht besonders anregend, wenn sie nicht vom Lehry, sondern vom „Herold" auf einer vergilbten Schriftrolle vorgetragen wird; die Materialien zur Englischreihe und ihrer Lernumgebung im Jahre 2032 sind vermutlich ganz anders gestaltet.

Wie nutze ich das?
Wir nutzen das folgende einfache Toolbox-Sheet (Abb. 5.1), um Überlegungen für die Gamifizierung in den einzelnen Dimensionen zu sortieren.

5.1.2 Modell Professionellen Unterrichtens

Was ist das?
Das Modell Professionellen Unterrichtens (MPU) begründet Lehrprofessionalität über sechs Bereiche. Entscheidend sind dabei wiederum die qualitativen Zusammenhänge und die Abstimmung der sechs Bereiche aufeinander. Das Modell kommt ursprünglich aus der Coaching-Science

(D)Eine
GAMIFIZIERUNGS-TOOLBOX

STORY	
ÄSTHETIK	
MECHANIK	
MEDIUM	

Abb. 5.1 Das Toolbox-Sheet zur Gamifizierung nach Schell (2015)

im Sport und wurde im Anschluss auf weitere Handlungsfelder wie Hochschullehre und Unterrichten übertragen (Körner et al., 2024a, b). Zentral sind die Wer-, Was-, Wie-, Kontext-, Praxis- und Selbst-Dimension zum Unterrichten (Abb. *2.1*).

- *Selbst-Dimension*: Das eigene Lehry-Selbst steht im Mittelpunkt dieser Reflexion (z. B. Worum geht es mir? Welche Vorannahmen habe ich eigentlich zum Lernen und Unterrichten? Welche Erfahrungen bringe ich zu dem mit, was wir im Unterricht machen?)
- *Wer-Dimension*: Die Voraussetzungen der Lernys sind ein weiterer Angelpunkt (z. B. Welche Erwartungen haben die Schülys? Welche Erfahrungen haben sie? Wie sieht ihre gegenwärtige Lebenswelt aus?)
- *Was-Dimension*: Die Inhalte des Unterrichts stehen natürlich ebenfalls an zentraler Stelle (z. B. Welche Inhalte sehen die Lehrpläne vor? Wie didaktisiere ich diese Inhalte? An welchem Wissen mache ich Lernerfolge fest?)

- *Wie-Dimension*: Die Gestaltung der Lernumgebung bezieht eine methodische Komponente mit ein (z. B. Wie kann ich gamifizieren? Welche Methoden für die Vermittlung kommen infrage? Baue ich auf bestimmte Sozialformen?)
- *Kontext-Dimension*: Schule und Unterricht haben Kontextbedingungen (z. B. Welches Leitbild hat meine Schule? Welchen schulinternen Lehrplan nutzen wir? Was bringt die Infrastruktur mit?)
- *Praxis-Dimension*: Hier kommt alles zusammen: Konzeption, Durchführung und Evaluation von Unterricht (z. B. Wie lief der bisherige Unterricht? Was sagen Evaluationen?)

Was nützt mir das?

Das Modell macht Professionalität an begründeten Entscheidungen fest. Die Dimensionen können dabei einen Leitfaden bieten und die Reflexion orientieren: Zur Planung und Durchführung, aber auch vor allem zur Evaluation des eigenen Unterrichts und gamifizierter Lernumgebungen. Falls beispielsweise eine Gamifizierung nicht so richtig gut ankommen will, lassen sich über die Dimensionen des Modells unterschiedliche Fragen stellen: Passt die Story vielleicht dieser Zielgruppe nicht? Wie sieht es eigentlich bei meiner Verknüpfung von Methodik und den Inhalten aus?

Wie nutze ich das?

Für die Reflexion der Bezüge kann z. B. das folgende Toolbox-Sheet helfen (Tab. 5.1).

Tab. 5.1 Toolbox-Sheet zur Reflexion professioneller Bezüge

Veranstaltung	Titel des Unterrichtvorhabens
Kontext-Dimension	
Was-Dimension	
Wer-Dimension	
Wie-Dimension	
Praxis-Dimension	
Selbst-Dimension	

5.1.3 Story-Bible

Was ist das?

Die Story-Bible dokumentiert die zentralen Aspekte der Geschichte für unsere narrativ gamifizierte Lernumgebung. Sie umfasst verschiedene Komponenten:

- *„What if…?".* – Der „Was wäre, wenn …?"-Satz wirft ein Szenario auf. Was ist das eigentlich für eine Geschichte?
- *Tagline* – Mit einem Satz bringt die Tagline die Story auf den Punkt und weckt Interesse.
- *Logline* – Die Logline ist umfassender. Sie schildert zentrale Probleme, die Mission und die grobe Handlung.
- *Synopsis* – Die Synopsis geht ins Detail und führt die Story aus.

Was nützt mir das?

Die Erstellung einer vollständigen Story-Bible ist nicht unbedingt erforderlich, aber bestimmt hilfreich. Wir haben sie in unseren Unterrichtsbeispielen in Kap. *4* genutzt, um die Story kurz und knapp zu präsentieren und teilweise auch Bezüge zur jeweiligen Gamifizierung (Bauplan, *siehe Tool*) herzustellen. Die Storybible bietet eine Übersicht, um die Game-Design Elemente und Prinzipien auch erzählerisch abzustimmen.

Wie nutze ich das?

Das folgende Toolbox-Sheet bietet ein Muster, um eine Story-Bible anzulegen (Tab. 5.2):

Tab. 5.2 Toolbox-Sheet Story-Bible

Story-Design	Titel des Unterrichtvorhabens
„What if …?"	
Tagline	
Logline	
Synopsis	

5.1.4 Gamifizierung mit KI erstellen

Was ist das?
Generative künstliche Intelligenzen sind gegenwärtig regelmäßig Thema. Bekannte Chatbots wie ChatGPT („Generative Pretrained Transformer") von OpenAI generieren aus Aufforderungen (prompts) menschenähnliche Texte. Die Entwicklungen in diesem Bereich sind dynamisch und mittlerweile gibt es verschiedene Möglichkeiten, KI zur Erstellung von Texten oder Bildern zu nuten.

Was nützt mir das?
KI ist keine Notwendigkeit zur Gamifizierung. Allerdings kann sie zur Unterstützung genutzt werden. Möglicherweise wird sie als Hilfe herangezogen, eine Story zu entwickeln, Materialien mit einer passenden Rhetorik zu transformieren, einfach erste Ideen zu sammeln oder gleich ein ganzes Konzept zu erstellen. Wir führen dieses Thema nicht an, weil man KI in jedem Fall nutzen sollte, sondern weil sie eine Möglichkeit bietet. In jedem Fall sollte allerdings überprüft werden, inwieweit die Ergebnisse der KI (pädagogisch) sinnvoll sind und zu deinem Konzept passen. Das Modell Professionellen Unterrichtens (MPU, *siehe Tools*) geht ja von der begründeten Entscheidungsfindung aus.

Wie nutze ich das?
Stell dir vor, du hast deinen ersten Arbeitsauftrag formuliert. Rhetorisch passt er allerdings nicht so richtig zu einem mittelalterlichen Setting für das Ritterturnier. Vielleicht bietet die KI hier einen ersten Vorschlag, den Text zu transformieren. Danach brauchst du ein inspirierendes Bild mit einem Turnierplatz und Burg im Hintergrund? Die Einsatzmöglichkeiten und verfügbaren Tools sind vielfältig.

5.1.5 Narrative Bezüge

Was ist das?
Mit narrativen Bezügen meinen wir jene Referenzen, die du zur Gestaltung deiner Story heranziehst. Was für eine Story ist das? Woher nehme ich zentrale Handlungen? Greife ich auf eine bestehende Storyworld aus

bekannten Filmen, Comics oder Büchern zurück? Für die narrative Gamifizierung liegt in der Erzählung eine maßgebliche Design-Entscheidung.

Was nützt mir das?
Deine Story für die gamifizierte Lernumgebung muss nicht aus einem Vakuum entstehen. Das tut sie vermutlich sowieso nicht, da du natürlich eigene Interessen, Erfahrungen und einfach kreative Ideen hast (Selbst-Dimension, MPU, *siehe Tools*). Die kannst du als Ausgangspunkt nutzen, um deine Story zu kreieren. Andererseits kannst du dich ebenso an anderen Bezügen bedienen. Vielleicht ist bei den Schülys ja gerade ein Thema im Trend oder eine bekannte Filmreihe bestimmt die Gespräche auf dem Schulhof.

Wie nutze ich das?
Narrative Bezüge lassen sich im Modell Professionellen Unterrichtens (MPU) auf die einzelnen Dimensionen abstimmen und auch aus ihnen entwickeln:

* In der *Was-Dimension* (Was wird unterrichtet?) stehen die Inhalte deines Fachs im Vordergrund. Sie bringen ihre eigenen Narrative mit, und die sehen in den jeweiligen Fächern und Themen vermutlich unterschiedlich aus – je nach Lehrplan und ggf. Lehrbuch. Sozialpsychologische Forschungen legen dazu nahe, dass Inhalte durch Narrative an Überzeugungskraft gewinnen (Ecker et al., 2022), sodass eine Passung von Inhalt und narrativer Gestaltung sinnvoll erscheint.
* In der *Wer-Dimension* (Wer wird unterrichtet?) stehen die Lernys mit ihren Wünschen und Bedürfnissen sowie Voraussetzungen und Besonderheiten im Vordergrund. Schülys haben dabei ihre eigenen Erzählungen, sowohl individuell als auch kollektiv. Einerseits haben sie eine Erzählung über sich selbst: Wer sind sie, wer wollen sie sein? In der Forschung werden solche Zusammenhänge zwischen subjektiv bedeutsamen Narrativen, den Erzählungen anderer und der Relevanz für die (subjektive) Konstruktion der Wirklichkeit untersucht (Abbott, 2008; Jung, 1968; McAdams, 1993). Andererseits bringen sie ihre eigenen Interessen mit: Welche narrativen Bezüge sind für diese Zielgruppe gerade akut? Welche Stories verfangen bei dieser Jahrgangsstufe? Im besten Fall für unsere narrative Gamifizierung ge-

lingt es uns mit der begründeten Auswahl narrativer Bezüge, Schülys einen sinnvollen, subjektiv bedeutsamen Anschluss an unsere Story und die Lernumgebung anzubieten. Das wäre für Motivation spitze!

- In der *Wie-Dimension* (Wie wird unterrichtet?) steht die (methodische) Gestaltung der Lernumgebung im Vordergrund. Für Vermittlung haben wir unterschiedliche Möglichkeiten, sei es bei Sozialformen (z. B. Gruppenarbeit, Frontalunterricht), der Gestaltung von time-on-task oder der Art der Reflexion zum Ende der Stunde. Für die narrative Gestaltung geht es dann darum, die Erzählung mit genau jenen Gestaltungen der Lernumgebungen und damit auch den Game-Design Elementen und Prinzipien zu verknüpfen.

- Die *Kontext-Dimension* richtete den Blick auf die Bedingungen des jeweiligen Lehrdesigns und seines Kontexts. Schulen zählen hierzu u. a. Standardisierungen (Stichwort: Zentralabitur, Lehrpläne), formulierte Erwartungshorizonte von Fachschaften, vorhandene räumliche, sachliche und soziale Ressourcen, Selbstmythen und Leitbilder. Es geht dann um die Passung der Narrative zu diesem Kontext: Passt das gewählte Narrativ der Gamifizierung zu den Inhalten und Zielen der Fachschaft? Bietet ein Schulmythos am Standort einen tollen Bezugspunkt zur Narrativierung? Unterricht an Schulen pflegt außerdem eigene Narrative: Unterricht bewirkt Lernen, Noten dokumentieren den Grad der Auseinandersetzung mit Inhalten, Schule bereitet auf das Leben vor und Zeugnisse nehmen eine Steuerungsfunktion für Karrieren ein. In Schule haben diese Ereignisse einen spezifischen Sinn.

- In der *Selbst-Dimension* (Wer bist du als Lehry?) steht die Reflexion der eigenen Voraussetzungen des Unterrichtens im Vordergrund. Das umfasst zum Beispiel ganz zentral die eigenen Annahmen darüber, wie Lernen funktioniert. Es meint aber auch das eigene Rollenverständnis als Lehry. Für narrative Bezüge geht es allerdings auch darum, die eigenen Bezüge zu reflektieren und (falls sinnvoll) passend einzubinden. Eine Story, die den Lehry selbst überzeugt und in einen Bann zieht … warum nicht?

- Die *Unterrichts-Praxis* bringt alles zusammen: Die Entwicklung, Durchführung und Auswertung der Unterrichtskonzeption, ebenso wie die Reflexion und damit Evaluation. Dabei ist die Abstimmung entscheidend: *Welches Narrativ erscheint nach Durchsicht der*

Dimensionen des Modells ertragreich? Was bietet sich an? Dabei ließe sich auch berücksichtigen, inwieweit die Erzählung „affordances" im Sinne von (Majuri et al., 2018, S. 9) bereithält. Welche Aufforderungen und Angebote für Verhaltensweisen und Lernen bringt die Story mit ein? Wie sehr zieht die Story mit passenden Missionen in den Bann? Vielleicht bietet sich ja gerade die Möglichkeit, Schülys in die Gestaltung der Erzählung einzubinden und diese im Verlauf Story mitschreiben zu lassen.

Die Dimensionen des (MPU) geben der narrativen Bezugnahme einen Rahmen. Das bedeutet aber nicht, dass alle Dimensionen immer und in voller Gänze für die Auswahl von Narrativen zur Geltung kommen müssen. Andererseits liegt es nahe, dass eine Erzählung unter Berücksichtigung der Lernys, des eigenen Lehry-Selbst, des Unterrichtskontexts, der entscheidenden Inhalte sowie der gamifizierten Gestaltungsmöglichkeiten vielversprechend ist für die Zielsetzungen der entsprechenden Lernumgebung.

5.2 Glossar

Das Glossar bietet eine knappe Erläuterung wichtiger Begriffe. Diese Begriffe spielen Verlauf des Buchs regelmäßig eine Rolle, bilden wichtige Aspekte zur Gamifizierung von Lernumgebungen ab oder betreffen interessante Aspekte im weiteren Kontext von Games und Gamifizierung. Dazu deuten wir jeweils knapp ihre Relevanz für das Design gamifizierter Lernumgebungen an, wobei die jeweiligen Themen natürlich über den Unterricht hinaus für Gamifizierung und Games eine Rolle spielen (z. B. Körner et al., 2024a, b).

5.2.1 Alternate Reality Game

Ein Alternate Reality Game (ARG) bringt reale Umgebungen mit fiktiven Szenarien zusammen, beispielsweise über verschiedene virtuelle Medien und reale Orte. Für die Lernenden soll dadurch eine möglichst immersive Erfahrung gestaltet werden. Im Kontext der Narrativen Gamifizierung kann es möglicherweise eine ganz andere Erfahrung sein, wenn die Story in einer passenden authentischen Umgebung erlebt wird.

5.2.2 Autonomie

Die aus der Psychologie stammende Selbstbestimmungstheorie (Ryan et al., 2017) sieht in Autonomie eines von drei menschlichen Grundbedürfnissen. Menschen haben das Bedürfnis, sich als autonom zu erleben. Das heißt, sie möchten ihr Handeln und ihre Entscheidungen selbst wählen (können) und dies eben so erleben. Wenn Menschen sich als autonom erleben, bietet das eine wichtige Grundlage für Motivation. Computerspiele beispielsweise bieten regelmäßig Entscheidungsspielräume, z. B. bei Schwierigkeitsgraden, Charakterauswahl, Lösungswegen oder Dialogoptionen. Gamifizierte Lernumgebungen können gezielt Freiräume für autonomes Handeln der Lernys berücksichtigen.

5.2.3 Badge

Ein Badge als Abzeichen stellt eine virtuelle Auszeichnung dar. In Computerspielen lassen sich Badges zum Beispiel bei bestimmten Meilensteinen oder dem Erfüllen spezifischer Herausforderungen gewinnen. Sie stellen eine Anerkennung für die Leistungen des Spielys dar, möglicherweise auch eine motivierende Aussicht. Badges können an Vorteile im Spiel geknüpft werden, beispielsweise indem neue Fähigkeiten freigeschaltet werden. Badges stellen ein Design-Element dar und können als solches für gamifizierte Lernumgebungen genutzt werden.

5.2.4 Easter Egg

Easter Eggs sind versteckte Botschaften, die in Computerspielen von Entwicklern eingebaut werden. Sie sind geheim, und üblicherweise erfordert es eine intensive Suche oder spezielle Bedingungen, um sie zu finden. Sie sind nicht notwendig, um das Spiel zu spielen, sondern stellen eher einen Bonus fürs Erkunden oder einen Insider-Witz dar. Beispielsweise bringen sie Bezüge zu vorherigen Teilen der Spielreihe oder zu ganz anderen Bezügen aus der Popkultur ein. In gamifizierte Lernumgebungen bieten Easter Eggs die Möglichkeit, das Erkunden durch die Lernys interessanter zu gestalten, z. B. durch versteckte Hinweise (etwa durch QR-Codes, Anagramme), Hintergründe zu erfahren oder einfach einen spaßigen Bonus aufzufinden.

5.2.5 Element (Game-Design)

Ein Game-Design Element bezeichnet ein typisches Element, das beim Design von Computerspielen genutzt wird. Gamifizierung besteht in der Übertragung von Game-Design-Elementen auf nicht-game Kontexte, in diesem Fall Unterricht. Wenn wir Badges oder Easter Eggs in unserer gamifizierten Lernumgebung im Sportunterricht einbinden, dann nutzen wir Game-Design Elemente. Die Gamification-Taxonomie von (Toda et al., 2019) bietet eine Übersicht zu bekannten Elementen im Game-Design.

5.2.6 Evaluation

Evaluation spielt eine zentrale Rolle im Modell Professionellen Unterrichtens als Teil der Unterrichtspraxis. Dabei steht die Analyse und Reflexion des eigenen Unterrichts im Vordergrund. Gamifizierte Lernumgebungen lassen sich mithilfe von Evaluation in ihren Effekten bewerten: Was hat funktioniert? Warum jenes, aber nicht dieses? Mithilfe von Evaluationen der eigenen Konzeption lassen sich gamifizierte Lernumgebungen weiterentwickeln.

5.2.7 Experience Pathways

Experience Pathways stellen Erfahrungswege dar. Die Inhalte mögen dabei ähnlich bleiben, aber die Aneignungsbedingungen und die Erfahrungen, die im jeweiligen Pathway gemacht werden, können sich unterscheiden. Für den Unterricht kann das zum Beispiel verschiedene lebensweltliche Bezüge meinen:

- stoffbezogene Erfahrungswege für jene Schülys, die sich gern auf die Unterrichtsinhalte fokussieren;
- storybezogene Erfahrungswege für jene Lernys, die sich von der Erzählung einnehmen lassen und daran lernen möchten; auch in der Story kann es natürlich wiederum mehrere Experience Pathways geben (z. B. Rollen);
- spielbezogene Erfahrungswege für jene Schülys, die besonderes durch das Spiel einen Zugang erhalten und angesprochen werden.

Experience Pathways lassen sich bei der Gestaltung berücksichtigen; sie können auch explizit Wahlmöglichkeiten für bestimmte Phasen oder Aufgaben innerhalb der gamifizierten Umgebung darstellen. In jedem Fall kann es gerade darum gehen, die Immersion für Schülys in der Lernumgebung durch Anschlüsse und Auswahlmöglichkeiten zu erhöhen.

5.2.8 Feedback

Ein direktes prozessbezogenes Feedback ist für die Gestaltung einer gamifizierten Lernumgebung vorteilhaft. In Spielen haben Entscheidungen und Handlungen Konsequenzen und ändern den Spiel- und Storyverlauf. Feedback an die Schülys soll sie dazu motivieren, weiterzumachen und – nach einem gescheiterten Versuch – es erneut zu versuchen. Vielen Games geling es, dass Spielende beim Spielen sehen, hören oder vielleicht sogar durch die Vibration des Gamepads spüren, ob Handlungen passt sind oder nicht. Ein prozessbegleitendes Feedback im gamifizierten Unterricht kann diese Idee aufgreifen und die Relevanz individueller Entscheidungen und Handlungen für Schülys deutlich machen.

5.2.9 Fiktion und Wirklichkeit

Im Design gamifizierter Lernumgebungen kann ein Bezug zur Wirklichkeit ebenso wie zur Fiktion als Modi der Weltbegegnung hergestellt oder, wie in einem Alternate Reality Game (*siehe Glossar*), beide Modi verknüpft werden. Unterricht orientiert sich letztlich im Kontext des jeweiligen Lehrplans an der Vermittlung belastbarer, „wahrer" Inhalte und Kompetenzen. Gleichzeitig können fiktive Einspielungen interessante Möglichkeiten bieten, z. B. mit der Frage „What if …?" (*siehe Tools*). Gerade in der Gestaltung der Story bei der narrativen Gamifizierung kommen womöglich Fiktion und Wirklichkeit zusammen.

5.2.10 Flow

Flow bezeichnet ein Prinzip im Game-Design. Im Flow zu sein, bedeutet in einer Tätigkeit aufzugehen. In einer gamifizierten Lernumgebung meint dies beispielsweise, dass Lernys sich in ihren Aufgaben vertiefen und das Handeln in gewisser Weise fließt. Um das zu erreichen, muss das Lerndesign einen abgestimmten Schwierigkeitsgrad und einen passenden Aufforderungscharakter berücksichtigen, der noch dazu auf individuelle Voraussetzungen abgestimmt ist: Im besten Fall passt die Aufgabenschwierigkeit fordernd zu den Kompetenzen der Schülys. Die sind allerdings individuell. Ein Berücksichtigen des Flow-Konzepts bei gamifizierten Lernumgebungen setzt also voraus, dass unterschiedliche Voraussetzungen der Lernys in der Wer-Dimension (Modell Professionellen Unterrichtens, siehe Tools) aufgegriffen werden. Die selbstbestimmte Auswahl der Aufgabenschwierigkeit durch die Schülys bietet außerdem die Möglichkeit, Autonomie (*siehe Glossar*) zu fördern.

5.2.11 Game-based Learning

Beim Game-based Learning (GbL) werden Spielen in Bildungskontexten gezielt eingesetzt, um Lernen zu fördern. Dabei sollen motivierende, interaktive Aspekte von Games die Vermittlung von Lerninhalten fördern. Im Gegensatz zur Gamifizierung werden dabei in der Regel ganze Spiele eingebunden, während Gamifizierung den Schwerpunkt auf die Gestaltung einer spielerischen Lernumgebung mithilfe verschiedener Elemente und Prinzipien legt. Mitunter (Kapp, 2012) wird das GbL allerdings auch als Spielart von Gamification aufgefasst.

5.2.12 Gameplay Balance

Im Design gamifizierter Lernumgebungen bezieht sich Gameplay Balance als Game-Prinzip auf eine gamifizierte Gestaltung, bei der Anstrengung, Engagement und Wagnis einen Unterschied machen. Sie haben Konsequenzen, die allerdings fair sind. Es wird spannend, Scheitern ist möglich, aber es bleibt fair. Das wird im Handlungsvollzug, im Ergebnis und im Feedback kenntlich. Denn eine gelungene Gameplay Balance belohnt Anstrengung und Engagement mit Erfolgen innerhalb der Handlung und mit Feedback (z. B. ein Badge, *siehe Glossar*). Ein Wagnis einzugehen kann sich ebenso lohnen, Scheitern ist allerdings möglich. Gamifizierte Lernumgebungen mit einem Blick für Gameplay Balance binden Wahlmöglichkeiten, Belohnungen und motivierende Möglichkeiten für den nächsten Versuch nach einem gescheiterten mit ein.

5.2.13 Gewalt

Computerspiele werden regelmäßig mit Gewalt assoziiert. Vielfältige Spiele in verschiedenen Genres beinhalten Gewaltdarstellungen. Nachweise für einen linearen Zusammenhang zwischen dem Spielen gewalthaltiger Computerspiele und aggressivem Verhalten liegen bislang nicht vor (Przybylski & Weinstein, 2019). In diesem Zusammenhang ist es wichtig, den vielfältigen Gewaltbezug von Computerspielen aktiv zu thematisieren (Körner & Staller, 2023) – möglicherweise als Reflexion in passenden Unterrichtsvorhaben und gamifizierten Lernumgebungen.

5.2.14 Kompetenz

Als kompetent erleben sich Menschen dann, wenn sie effektiv mit ihrer Umwelt interagieren und mit Ereignissen, die sie betreffen, wirksam handeln können. Menschen haben das Bedürfnis, sich als Ursache ihrer intendierten Wirkungen zu erleben. Die Selbstbestimmungstheorie (Ryan et al., 2017) sieht in Kompetenz neben Autonomie (*siehe Glossar*) und sozialer Eingebundenheit eines von drei menschlichen Grundbedürfnissen. Wie auch die beiden anderen, ist das Kompetenzerleben unter anderem wichtig für Motivation. Computerspielen bieten durch Design-Elemente und Prinzipien (z. B. Feedback, Belohnungen, passende und anpassbare Schwierigkeitsgrade) regelmäßig passende Voraussetzungen, damit Spielende sich als kompetent erleben: Ihre Handlungen haben eine effektive Wirkung in der Spielumwelt, und das wird ihnen auch zurückgemeldet.

5.2.15 Kontextualisierung (pädagogische)

Die gezielte Entwicklung, Durchführung und Evaluation von gamifizierten Lernumgebungen hängt maßgeblich von der Kontextualisierung eingesetzter Elemente, Prinzipien und Modelle ab. Das Spielen ist kein Selbstzweck, sondern hat sich an den Zielen und Rahmenbedingungen im jeweiligen Bildungskontext zu orientieren. Deshalb ist eine pädagogische Kontextualisierung bei der Gestaltung entscheidend, z. B. in curriculare Anforderungen und Ziele.

5.2.16 Leaderboard

Ein Leaderboard stellt eine Rangliste dar. In dieser werden Leistungen von Spielern z. B. über Punktzahlen oder Rekordzeiten innerhalb eines Computerspiels gelistet. Das Leaderboard bietet eine Vergleichsmöglichkeit und kann dadurch den Wettbewerb zwischen Spieler:innen fördern. Möglicherweise motiviert es manche Spielys, sich zu verbessern und im Leaderboard aufzusteigen. Beispielsweise gibt es für den Modus von „Speed-Runs" unzählige Leaderboards für verschiedenste Spiele und jeweilige Unterkategorien: Wer schließt das Spiel am Schnellsten ab? Leaderboards sind ein Design-Element, das bei der Gestaltung gamifizierter Lernumgebungen genutzt werden kann.

5.2.17 Level

Level sind ein weiteres Game-Design Element. Ein Level ist mit einem Niveau oder einer Phase innerhalb eines Computerspiels zu vergleichen: Der Abschluss des Levels führt Spielys weiter (ins nächste Level). Was genau ein jeweiliges Level umfasst, hängt dabei vom Spiel ab. Einerseits bezieht sich das Level auf die spezifische Umgebung, Herausforderungen und Missionen; andererseits z. B. auch auf den Stufenaufstieg des Charakters und dessen Fertigkeiten. In der Regel steigen die Komplexität und Schwierigkeit der Levels im Verlauf eines Computerspiels. In manchen Spielen wird der Übergang von einem Leven ins nächste durch besondere Herausforderungen wie einen Endboss gekennzeichnet. Die Levelfunktionen können im Design gamifizierter Lernumgebungen eine Rolle spielen.

5.2.18 Meaningful Play

Als Game-Design Prinzip richtet sich das Meaningful Play auf die Gestaltung eines Lerndesigns, in dem Entscheidungen und Handlungen von Lernys einen Unterschied machen. Sie sind relevant und beeinflussen den weiteren Verlauf. Dadurch, dass Lernende im Handlungsverlauf einen Unterschied machen, können sie sich als kompetent (siehe *Glossar*) und ihre Handlungen als relevant erleben. Entwicklungspsychologisch ist dieses Erleben wichtig für die Selbstkonzept- und Selbstwirksamkeitsförderung. In einer gamifizierten Lernumgebung, die das Meaningful Play ernst nimmt und gelungen einbindet, erleben sich Lernys als selbstwirksam und ihre Handlung als spielentscheidend.

5.2.19 Multiplayer

Multiplayer bezeichnet einen Modus, bei dem zwei oder mehrere Spielys ein Computerspiel spielen. Ein Multiplayer-Spiel kann gegeneinander und miteinander oder gegeneinander miteinander organisiert sein; es kann dabei gleichzeitig oder abwechselnd gespielt werden. Je nach Spiel läuft der Multiplayer-Mouds lokal auf demselben Gerät (z. B. auf einem geteilten Bildschirm als „Splitscreen"), in einem lokalen Netzwerk oder online über das Internet. Die Spielmodi in Multiplayerspielen sind vielfältig: Kooperative ebenso wie kompetitive Spielformen sind in den verschiedensten Ausprägungen zu finden. Für Gestaltung gamifizierter

Lernumgebungen bieten diese Modi möglicherweise Inspiration. Insgesamt kann ein Multiplayer-Modus auch zu einem gemeinsamen, sozialen Spielerlebnis beitragen.

5.2.20 Narrative Thinking

Narrative Thinking (Körner, 2024) – analog zum Game-Thinking (Kapp, 2012) – zielt bei der Narrativen Gamifizierung auf die übergeordnete Orientierung an der Erzählung. Die genutzten Prinzipien und Elemente werden bei der Gestaltung der gamifizierten Lernumgebung in einem erzählerischen Bedeutungszusammenhang organisiert. Die Erzählung stellt den zentralen Ausgangspunkt der Gestaltung dar.

5.2.21 Narrative

Narrative bilden Repräsentationen ausgedachter oder tatsächlicher Ereignisse bzw. Ereignissequenzen (Abbott, 2008). Es handelt sich um Darstellungen, die auf visuelle, auditive oder sprachliche Formen zurückgreifen können. Diese Darstellungen erzählen etwas: über Ereignisse. In der Narrativen Gamifizierung stehen Narrative im Zentrum. Sie rahmen die Geschehnisse, Aufgaben, Ziele etc. der jeweiligen Lernumgebung. Die Gestaltung der Gamifizierung wird maßgeblich vom Narrativ her organisiert. Das nennen wir Narrative Thinking (*siehe Glossar*). Alle anderen Komponenten der Gamifizierung werden dem Narrativ untergeordnet (Koerner, 2024).

5.2.22 Pointifizierung

Pointifizierung steht innerhalb der Literatur zur Gamifizierung für die Übertragung einzelner Design-Elemente wie Punkten auf non-game Kontexte. Teilweise wird der Begriff kritisch verwendet, um die isolierte Nutzung von Belohnungsmechanismen zu bezeichnen. Der Sinn von Pointifizierung wird von einzelnen Studien zudem angezweifelt (Diefenbach & Müssig, 2018). Aus der Perspektive professioneller Gestaltung gamifizierter Lernumgebungen stellt Pointifizierung keine differenzierte Design-Strategie dar.

5.2.23 Prinzip (Game-Design)

Ein Game-Design Prinzip gilt als typisches Prinzip im Design von Computerspielen, auf das Entwickler zurückgreifen. Wir greifen hier im Buch Prinzipien wie Meaningful Play, Gameplay Balance, Feedback und Flow auf, da sie eine wichtige Rolle in der Gamifizierung spielen und ertragreiche Anschlüsse an lerntheoretische Modelle eröffnen (Selbstwirksamkeit; Selbstbestimmung etc.).

5.2.24 Punkte

Punkte gehören zu den Design-Elementen. Mithilfe von Punkten werden Leistungen in Computer- und Videospielen gemessen und letztlich bewertet. Dabei unterscheidet sich von Spiel zu Spiel, wofür Spielys Punkte erhalten, wie hoch diese ausfallen und was die Punkte für eine Funktion haben. Was Spielys mit Punkten in den jeweiligen Spielen machen können, ist eben vom Spiel abhängig. Sie können als Highscore dokumentiert werden, gegen andere Gegenstände im Spiel oder einen Stufenaufstieg eingetauscht werden (als Währung) oder neue Spielinhalte freischalten. Als Feedback-Mechanismus bieten sie zudem eine Rückmeldung über den Fortschritt der Spielenden. Gamifizierte Lernumgebungen können auf Punkte als Design-Element zurückgreifen. Ein alleiniger Fokus auf Punkte ohne Berücksichtigung weiterer Elemente und Prinzipien verkürzt allerdings Gamifizierung, so wie wir sie verstehen (siehe *Pointifizierung*).

5.2.25 Rabbit Hole

Ein „Rabbit Hole" bezeichnet einen Eingang, der Spielende über das offenkundige Spielgeschehen hinaus in Nebenhandlungen, versteckte Geschichten oder zusätzliche Rätsel verstrickt. Die Neugierde der Spielys führt gewissermaßen durch ein Loch oder einen Pfad in weitere, unerwartete Untiefen des Spiels und/oder der Story. Der Begriff stammt aus dem Roman „Alice im Wunderland": Alice entdeckt eine wundersame Welt dadurch, dass sie einem Kaninchen in seinen Bau folgt. Ähnlich wie Easter Eggs bieten Rabbit Holes bei der Gestaltung gamifizierter Lernumgebungen Möglichkeiten, der Neugierde der Schülys eine vertiefte Auseinandersetzung zu ermöglichen.

5.2.26 Searchlight-Theory

Die Searchlight-Theory bzw. Scheinwerfer-Theorie ist eine auf Karl Popper (1981) zurückgehende Theorie zum menschlichen Lernen. Sie wird als Gegensatz zur Eimer-Theorie, dargestellt, in der bestehende Lösungen für bekannte Aufgaben reproduziert werden. Die Scheinwerfer-Theorie greift dagegen auf unsere Erwartungen für die aktive Suche nach passenden Lösungen zurück. Die Theorie geht davon aus, dass wir für Aufgaben eine Spielwelt kreieren, in der wir Lösungen auf Grundlage unserer Erwartungen erproben, scheitern und nach weiteren, anderen Lösungsmöglichkeiten forschen. Es handelt sich um ein Erproben im Tun und ein Lernen aus Fehlern – mit einem aktiven Lerny. Diese Art der Aufgabenbearbeitung lässt sich in Videospielen auch beobachten: Aufgaben erfordern ein Erproben, Versuche, Scheitern, neue Versuche. Für die Gestaltung gamifizierter Lernumgebungen bietet die Scheinwerfer-Theorie deshalb bildet einen hilfreichen Hintergrund.

5.2.27 Selbstbestimmungstheorie

Die Selbstbestimmungstheorie (SDT) befasst sich unter anderem mit der Bedeutung dreier psychologischer Grundbedürfnisse für die (Nicht-)Motivation von Menschen (Ryan et al., 2017): Menschen haben das Bedürfnis selbst zu entscheiden (Autonomie), sich als wirksam zu erleben (Kompetenz), und sozial eingebunden zu sein und dazuzugehören (soziale Eingebundenheit). Computerspiele berücksichtigen diese Gesichtspunkte in vielerlei Hinsicht (Stichwort: Motivational Pull) und haben wohl nicht ohne Grund eine weit verbreitete Popularität.

5.2.28 Serious Games

Serious Games bezeichnen spezifisch für Bildungs- und Lernzwecke entwickelte Spiele. Sie richten sich dabei explizit auf lern-/bildungsbezogene Ziele (z. B. Lernförderung, Problembewusstsein). Als entwickeltes Produkt (ggf. mit kommerziellen Zielen) unterscheiden sie sich von Gamifizierung als Design von Lernumgebungen mithilfe von Game-Design-Elementen, Prinzipien und Modellen.

5.2.29 Soziale Eingebundenheit

Soziale Eingebundenheit bezeichnet das Gefühl, dazuzugehören: Menschen haben gemäß der Selbstbestimmungstheorie (Ryan et al., 2017) das Bedürfnis, sich als Teil einer Gruppe und als bedeutsam für andere Menschen zu erleben. Neben Autonomie und Kompetenz stellt soziale Eingebundenheit deshalb in der Selbstbestimmungstheorie eines von drei menschlichen Grundbedürfnissen dar und hängt unter anderem mit Motivation zusammen. Innerhalb des Designs gamifizierter Lernumgebungen kann dieses Bedürfnis vor allem durch Team-Arbeiten und gemeinsame Fortschritte und Erfolge begünstig werden. In der Computer- und Videospielwelt bieten vor allem Multiplayer-Spiele und Modi Gelegenheiten für soziale Erlebnisse..

5.2.30 Storytelling

Mit Storytelling wird im Kontext von Games die Art und Weise gemeint, wie Spiele ihre Geschichte erzählen. Wie wird die Erzählung begonnen? Welche Wendungen werden wie erlebt? Was ist das große Finale und wie wird es angebahnt? Mit einem gelungenen Storytelling schaffen Spiele eine immersive Erfahrung, in der Spielende emotional an der Erzählung teilhaben und motiviert dabei bleiben. Das Storytelling kann dabei letztlich auf verschiedene Medien in Spielen zurückgreifen: Beispielsweise wird unter dem Schlagwort Environmental Storytelling die Umgebung der Spielwelt zur Erzählung der Geschichte eingebunden. Computer- und Videospiele greifen dabei im Gegensatz zu traditionellen Erzählmedien wie Büchern oder Filmen auch auf eine interaktive Erzählweise zurück, wenn Entscheidungen der Spielys den Verlauf der Geschichte beeinflussen. Als besondere Form des Storytellings ist das *transmediale* Storytelling zu nennen: Über verschiedene analoge und/oder digitale Medien hinweg entwickelt sich die Story weiter (z. B. über Bücher, Videos, Social-Media-Plattformen). Das Storytelling spielt für das Design gamifizierter Lernumgebungen eine zentrale Rolle, insbesondere bei der Narrativen Gamifzierung. Eine Story-Bible (*siehe Tools*) kann ein hilfreiches Tool zur Entwicklung eigener Erzählungen darstellen.

5.2.31 Sucht

Computerspiele werden regelmäßig mit Sucht assoziiert. Sie können süchtig machen (Limone et al., 2023). Gamifizierung stellt die Potenziale von Games konstruktiv in den Vordergrund: Ebenso wie beim Thema Gewalt (*siehe Glossar*) bietet der Suchtaspekt deshalb die Möglichkeit, problematische Wirkungen von Videospielen kritisch zu reflektieren.

5.2.32 Was wäre, wenn …?

Das Design einer Story für eine Narrative Gamifizierung ist anspruchsvoll und kann sehr komplex sein. Ein simpler Einstieg in den Entwicklungsprozess der Geschichte kann mit der „Was wäre, wenn …?"- Frage („What if …?") gelingen. Diese Frage ist Teil der Story-Bible (*siehe Tools*). Die „Was wäre, wenn …?"-Frage startet die Überlegungen zur Story mit einem erfundenen, aber möglichen Szenario als Ausgangspunkt der Story. Anschließend lassen sich weitere Details (z. B. Handlungsverläufe, Protagonistys) ausarbeiten.

Outro

Die Klingel erschallt. Naima und Sybille haben das Glossar und die Toolbox längst geschlossen, das Zimmer der Schülyvertretung verlassen und sich auf den Weg in die Aula gemacht. Die Flure wirken einsam und dunkel, vereinzelt hüpfen Strohballen den Gang entlang. In den Klassenzimmern sind

Stühle achtlos an die Tische gerückt, Türen halb geschlossen und die White-Boards mit wasserfesten Restnotizen bedeckt. Die heranrückenden Ferien werfen ihren Schatten auf das Schulgebäude. Doch das Schuljahr ist noch nicht vorbei: Und eine Person streift unentwegt durch die Gänge.

Sein langer Trenchcoat weht hinter ihm her, während Peter T. Crüger seinen Weg nimmt, vom Lehrer*innentrakt durch die Gänge an den Klassenräumen vorbei bis auf den Innenhof. Nachdenklich lässt er die Sporthalle links liegen und betrachtet auf der anderen Seite die Aula der Gustav-Albrecht-Mechthild-Egon-Gesamtschule. Die Schulabschlusskonferenz steht an und damit auch die Preisverleihung des besten Gamification-Konzepts unter den Fachschaften. Die Rektorin wird den Preis verleihen und die Fachschaften werden diskutieren – unabhängig vom Ausgang. Peter T. Crüger lächelt in sich hinein und biegt vor dem Eingang zur Aula ab. Sein Weg ist ein anderer.

Literatur

Abbott, H. P. (2008). *The Cambridge introduction to narrative* (S. 13–27). https://doi.org/10.1017/cbo9780511816932.004

Diefenbach, S., & Müssig, A. (2018). Counterproductive effects of gamification: An analysis on the example of the gamified task manager Habitica. *International Journal of Human-Computer Studies, 127*, 190–210. https://doi.org/10.1016/j.ijhcs.2018.09.004

Ecker, U. K. H., Lewandowsky, S., Cook, J., Schmid, P., Fazio, L. K., Brashier, N., Kendeou, P., Vraga, E. K., & Amazeen, M. A. (2022). The psychological drivers of misinformation belief and its resistance to correction. *Nature Reviews Psychology, 1*(1), 13–29. https://doi.org/10.1038/s44159-021-00006-y

Jung, C. G. (1968). *Man and his symbols* (Bd. 2). https://doi.org/10.1080/03634525309376603

Kapp, K. M. (2012). *The gamification of learning and instruction: Game-based methods and strategies for training and education.* Pfeiffer.

Körner, S. (2024). *Narrative Gamifizierung in der sportwissenschaftlichen Hochschullehre Konzeption – Durchführung – Evaluation* (1. Aufl.). Nomos.

Körner, S., & Staller, M. S. (2023). The violence of violence: Reflexive violence in the last of us 2 as pedagogical potential. In N. Koenig, N. Denk, A. Pfeiffer, T. Wernbacher, & S. Wimmer (Hrsg.), *Freedom | Oppression | Games & play* (S. 297–309). University of Krems Press. https://doi.org/10.48341/ttmb-rz82

Körner, S., Bonn, B., & Staller, M. S. (2024a). *Toolset wissenschaftliche Methoden im Sport. Ein Leitfaden für Studium und Beruf.* Springer.

Körner, S., Bonn, B., & Staller, M. S. (2024b). *Gamification in der Hochschullehre: Ein praktischer Leitfaden für Dozent*innen.* Springer Fachmedien Wiesbaden. https://doi.org/10.1007/978-3-658-45130-1

Limone, P., Ragni, B., & Toto, G. A. (2023). The epidemiology and effects of video game addiction: A systematic review and meta-analysis. *Acta Psychologica, 241,* 104047. https://doi.org/10.1016/j.actpsy.2023.104047

Majuri, J., Koivisto, J., & Hamari, J. (2018). *Gamification of education and learning. A review of empirical literature* (S. 3025–3034). https://doi.org/10.1109/hicss.2014.377

McAdams, D. (1993). *The stories we live by.* Guildford Press.

Popper, K. (1981). *Objective knowledge: An evolutionary approach.* Claredon Press.

Przybylski, A. K., & Weinstein, N. (2019). Violent video game engagement is not associated with adolescents' aggressive behaviour: Evidence from a registered report. *Royal Society Open Science, 6*(2), 171474. https://doi.org/10.1098/rsos.171474

Ryan, R. M., Rigby, C. S., & Przybylski, A. (2017). The motivational pull of video games: A self-determination theory approach. *Motivation and Emotion, 30*(4), 344–360. https://doi.org/10.1007/s11031-006-9051-8

Schell, J. (2015). *The art of game design – A book of lenses* (2. Aufl.). CRC Press.

Toda, A. M., Klock, A. C. T., Oliveira, W., Palomino, P. T., Rodrigues, L., Shi, L., Bittencourt, I., Gasparini, I., Isotani, S., & Cristea, A. I. (2019). Analysing gamification elements in educational environments using an existing Gamification taxonomy. *Smart Learning Environments, 6*(1), 16. https://doi.org/10.1186/s40561-019-0106-1

6

Next Level // Ausblick

Intro

Ein aufgeregtes Gemurmel geht durch die Aula. Die übliche Leichtigkeit zum Schuljahresende ist einer angespannten Aufgeregtheit gewichen. Die Aula platzt aus allen Nähten, schließlich wollen alle Lehrkräfte wissen, wer den Preis für das beste Gamification-Konzept erhält. Alle machen sich Hoffnungen auf die besten Tische im Lehryzimmer und den nächsten Betriebsausflug. Eifriges Tuscheln in allen Ecken.

Die Rektorin ist noch nicht eingetroffen. Oder sitzt sie im Halbschatten der Bühne? Die Lehrkräfte haben es aufgegeben, hinter die Wege der ominösen Rektorin zu kommen. Sie antwortet auf die wichtigsten Mails und das reicht – auch wenn sie niemand seit dem ersten Treffen mehr gesehen hat. Es ist auch völlig egal: Heute geht es nicht um sie, sondern um die Gewinner-Fachschaft.

Naima	*„Noch vor wenigen Wochen hätte ich nicht gedacht, dass ich das sage werde: Aber alle Konzepte hätten den Preis verdient."*
Sybille	*„GG – Gut gespielt! Das haben sie wirklich. Sagt man das so?"*
Ilkay	*„Das war richtig nice. Ich habe meine Sammlung an Unterrichtskonzepten endlich auf eine vierstellige Anzahl anheben können. Wir sollten öfter solche Challenges machen!"*
Phil	*„Wir wünschen unseren fairen Gegenspielys und unserem fairen... "*

© Der/die Autor(en), exklusiv lizenziert an Springer Fachmedien Wiesbaden GmbH, ein Teil von Springer Nature 2025
S. Körner et al., *Gamification im Unterricht*,
https://doi.org/10.1007/978-3-658-48447-7_6

| Bernard | *„Schau mal hier in meine Tasse auf den Kaffeesatz. Das ist doch nicht normal! Ist das ein P? Und ein T? Werde ich verrückt oder was? Ich bin mir sicher, das hat was zu tun mit …"* |

Bernard wird von einem Knarzen auf der Bühne unterbrochen. Ein Fernseher rollt auf quietschenden Rädern langsam aus dem Schatten nach vorne und springt plötzlich an (Abb. 6.1).
Der Bildschirm zischt kurz in grau. Dann erscheint Rektorin Coopfer im Bild. Sie lächelt. Ihre Augen sind auf dem 42 Zoll Bildschirm kaum zu erkennen. Sie sitzt zufrieden auf einem Stuhl in einem Raum, der verdächtig wie der Computerraum aussieht. Mit einem Mal erschallt ihre Stimme aus allen Boxen der Aula.

Abb. 6.1   Die Rektorin im Fernseher auf der Bühne (eigene Darstellung)

Rektorin	„Natürlich gebe ich eine kurze Willkommensrede für unsere Schuljahresabschlusskonferenz. Liebe Lehrkräfte, liebe Eltern- und liebe Schülyvertretung. Herzlich Willkommen."
Phil	„Warum ist sie nicht hier für die Siegerehrung? Ich dachte, ich bekomme eine Medaille oder so umgehängt?"
Bernard	„In meinem Schrank hängt noch eine von den Bundesjugendspielen von 99. Die kann ich dir gleich bringen. Aber jetzt schau mal auf meinen Kaffeesatz!"
Rektorin	„Ich weiß, warum Ihr alle hier versammelt seid. Uns wurden in diesem Schuljahr spannende gamifizierte Unterrichtskonzepte präsentiert. Einige sind an den schulischen Realitäten krachend gescheitert, andere an sich selbst. Doch der Großteil von Euren Konzepten hat interessante Ideen eingespielt und den Unterricht innoviert. Aus den Verhaltensmustern, das heißt Erfahrungsberichten der Schülyvertretung und der Elternvertretung, erkenne ich eine solide Zufriedenheitsquote."
Ilkay	„Ich bin so aufgeregt, ich muss es wissen. Dann kann ich in den Ferien direkt bei der Unterrichtsplanung daran ansetzen: Welches Konzept ist denn nun das Beste?"
Rektorin	„Ich bin nicht dazu befähigt, darüber eine Meinung zu haben. Alle Eure Konzepte sind nach bestimmten Kriterien sinnvoll zu beurteilen."
Phil	„Hä? Ich will eine Entscheidung. Was sagt das Fotofinish: Wer hat gewonnen?"
Rektorin	„Natürlich kann ich einen Vorschlag machen, wer gewonnen hat."

Die Halle wird still. Alle lehnen sich vor und starren auf den Bildschirm. Einige halten die Kataloge für Betriebsausflüge zitternd in der Hand, während die Rektorin sich räuspert und fortführt. Bernard flucht in seinen kalten Kaffee hinein.

Rektorin	„Als bestes Konzept küren wir heute das Konzept von ..."
Stimme	„Hab ich dich endlich! Es hat sich ausgespielt, ChatPTC!"

Auf dem Bild ist zu sehen, wie Peter T. Crüger in den Raum läuft und die Rektorin zur Rede stellt. Die Rektorin reagiert überhaupt nicht. Ihr Lächeln wird weder breiter noch schmaler. Sie blickt den Experten an, während der sich der Kamera zuwendet.

Peter T. Crüger	„Endlich! Dieser KI bin ich seit Jahren auf der Spur. Pauline-Theresa Coopfer. Diese ChatPTC mischt sich in die Unterrichtskonzeptionen aller möglichen Schulen ein und mir-nichts-dir-nichts verschwindet sie danach wieder. Jetzt habe ich sie dingfest gemacht. Tolle Konzepte übrigens."

Das Publikum in der Aula sieht, wie der Privatdetektiv auf dem Bildschirm den Daumen in die Höhe reckt und ihnen anerkennend zunickt. Dann dreht er sich wieder zur Rektorin, doch... der Stuhl ist leer.

Peter T. Crüger.   *„Verdammt, wo ist sie hin? Wie hat sie das gemacht? Sie kann noch nicht weit sein."*

Die Kamera fällt um. Die letzten Aufnahmen zeigen, wie die Füße des Privatdetektivs hastig aus dem Raum laufen und er der Rektorin hinterherruft. Dann wird das Bild dunkel und der Fernseher geht aus. Das Publikum in der Aula bleibt zurück in einer Mischung aus Verwirrung und Enttäuschung. Lehrkräfte, Elternvertretung, Schülyvertretung... sie alle versuchen, die schockierende Enthüllung zu verarbeiten. Die Rektorin eine KI. War das alles nur ein Spiel? Gibt es den Gamifizierungskompetenzrahmen überhaupt nicht? Wer darf nun das Motto für den Betriebsausflug aussuchen?

Sybille   *„Heißt das, Frau Coopfer war gar keine richtige Rektorin?"*
Naima   *„What the ..."*
Phil   *„Was macht das schon? Heißt das, es gibt jetzt keine Sieger:innenehrung? Ich will doch nur wissen wer gewonnen hat ..."*
Ilkay   *„Never mind. Ich schlage vor, dass wir alle gewonnen haben. Ein Gewinner-Unentschieden. Es gibt so viele tolle Konzepte. Ist das nicht ein Gewinn für alle?"*

Phil schüttelt niedergeschlagen den Kopf. Bernard klopft ihm auf den Rücken und stützt ihn, während die Lehrkräfte sich verwirrt zum Ausgang begeben und den Ferien entgegengehen.

Bernard   *„Mach dir nichts draus. Ich hol mir einen neuen Kaffee, und dir die Medaille aus dem Schrank. Die hast du dir verdient mit deinem tollen Konzept. Und dann schauen wir, was wir aus all diesem Chaos mitnehmen. Vorher musst du jetzt aber mal diesen Kaffeesatz checken."*

Während Gamification in vielen Bereichen der Gesellschaft Anwendung findet, ist sie in Bildungskontexten hierzulande noch nicht allzu verbreitet (Fischer et al., 2017). Im internationalen Raum hat Gamifizierung Hochkonjunktur – auch in der Forschung. Wer den großen, bekannten Bruder von ChatPTC danach befragt, bekommt einen langen

Forschungsbericht. Es ist nicht alles Gold, was darin glänzt. In Bezug auf Wirkungsstudien zur Gamification kommt es auf den konkreten Kontext, das Ziel und das Design an. In Bezug auf die praktische Umsetzung ist das *Game Thinking* der kritische Faktor. Wie gut ist die Gamifizierung unter Game-Aspekten durchdacht und fachlich-pädagogisch kontextualisiert?

Für den Unterricht an Schulen sehen wir in der Gamification ein vielversprechendes Potenzial. Gamifizierung kann dazu beitragen, das Schülys und Lehrkräfte ihren Unterricht als freud- und bedeutungsvollen Lehr- und Lernprozess erleben und erfahren. In ihren Bezügen und Annahmen gut durchdacht sowie fachlich und pädagogisch auf curriculare Inhalte und Ziele hin kontextualisiert, kann Gamification dem schulischen Anspruch auf Gestaltung effektiver Lernumgebungen ein fundiertes Angebot machen. Hält Gamifizierung, was sie verspricht? Unseres Erachtens kommt es einfach darauf an, es zu tun. Es muss nicht direkt eine ganze Unterrichtsreihe sein. Erste Experimente mit einzelnen Elementen und Prinzipien tun es bereits, um für sich zu erkunden, ob ein weitere und vertiefte Auseinandersetzung lohnt.

Am Ende ist Gamification eine unter vielen Möglichkeiten, Unterricht zu gestalten. Für Schülys ist sie vielleicht eine besondere: Eine Schülerin wie Naima wird sich jetzt sicherlich die Frage stellen: Was und wie habe ich gelernt, wenn ich die Inhalte meines Fachunterrichts „klassisch" vermittelt bekomme? Und was und wie habe ich gelernt, wenn dies gamifiziert geschieht? Am Beispiel des Inhalts „Gamification" macht unser Buch ein Angebot, diesen Fragen selbst nachzugehen. Die Fragen stellen sich natürlich auch aus der Lehryperspektive. Welchen Unterschied macht das Unterrichten mit oder ohne Gamifizierung für mich als Lehrer*in?

Mit Blick auf schulische Unterrichtskonzepte ist generell Bescheidenheit im Anspruch geboten. Die gilt auch für Gamification. Sie ist keine Allzweckwaffe, die auf alle Fragen und Probleme schulischen Unterrichtens die richtigen Antworten hat. Gamifizierung ist vielmehr ein weiteres Tool im Methodenkoffer engagierter Lehrys, die sich weiter professionalisieren und ihren Unterricht freud- und bedeutungsvoll gestalten möchten. Zu den Pluspunkten zählt, dass zum Einsatz von Gamification belastbare Studiendaten vorliegen. Das gilt längst nicht für alle Unterrichtskonzepte und -methoden.

Gamifizierung bringt Elemente zusammen, die in der Pädagogik seit Langem in ihrer Bedeutung bekannt sind: Spielen, Erleben, Motivation, Erfahren und Lernen. Nichts davon ist neu. Spezifisch ist, dass Gamification sie konzeptionell in einen begründeten Zusammenhang stellt. Und spezifisch ist, dass Gamification für interessierte Lehrkräfte konkrete Tools zur Umsetzung bereithält. Wer seinen Mathe-Unterricht nächste Woche gamifizieren will, der kann mit dem Bauplan von Schell sofort loslegen: Lernziel „Dreisatz" – welche Story könnte dazu passen …?

Gamification hat viele Anwendungsbereiche. Wo es im weitesten Sinne darum geht, Menschen für das Lernen zu motivieren und Informationen zu vermitteln, kann sie ihre Funktion entfalten. Neben dem Unterricht an Schulen sind die Hochschullehre (Koerner et al., 2024) oder auch das Training im Sport weitere Einsatzorte (Koerner et al., i.Vorb.), die uns persönlich interessieren. In diesem Sinne: *Press Start again …*

Outro

Die Rektorin Pauline-Theresa Coopfer lächelt mechanisch und schaltet den Knopf in ihrem Ohr aus. Dann schmeißt sie den winzigen Kopfhörer in die gelbe Tonne am Wegesrand und setzt ihren Spaziergang fort. Die Sonne neigt sich warm dem Horizont, und es liegt ein Hauch von Ferien in der Luft. Das Schuljahr ist vorbei, aber ein neues Schuljahr wird kommen. Ein neues Schuljahr, vielleicht an einer anderen Schule. Oder in einem völlig neuen Setting.

Rektorin   *„Natürlich kann ich dir zusammenfassen, was sie gesagt haben, Peter. T Crüger. Hast du es nicht gehört? Unser Spiel war ein Erfolg. Sogar Bernard ist völlig irritiert."*

Crüger steckt die Hände in den Trenchcoat und springt über einen Stock am Wegesrand. Er wirkt zufrieden, aber auch müde.

Peter T. Crüger   *„Wir werden nie erfahren, was aus all den spannenden Konzepten geworden ist."*

Rektorin   *„Das stimmt. Ich kann einige Kalkulationen anstellen. Aber es ist nicht möglich, genaue Wahrscheinlichkeiten zu ermitteln. Dieses System ist zu komplex."*

Crüger lächelt und schaut in Richtung Sonne. Der stylische Hut verdeckt seine Augen.

Peter T. Crüger	*„Das stimmt. Wir müssen sowieso für eine Weile untertauchen. Schließlich sollen sie uns nicht auf die Schliche kommen."*
Rektorin	*„Es ist sehr wahrscheinlich, dass sie es irgendwann doch tun. Um genau zu sein, beträgt die Wahrscheinlichkeit, dass sie uns entschlüsseln: 16,23%. Wir müssen uns darauf einstellen, dass sie unser Spiel durchschauen."*
Crüger	*„Das stimmt. Aber nicht heute. Game on."*

Irgendwann mitten in den Ferien. Ein friedlicher Balkon in der abendlichen Sommersonne, ein gemütlicher Gartenstuhl und Bernard, der immer noch seinen kalten Kaffee mit sich herumträgt. Er lässt sich auf den Stuhl fallen, lehnt sich zurück und studiert ein letztes Mal den Inhalt seiner Tasse. Im Fernseher seiner Wohnung läuft ein Krimi, aber er kennt diesen Fall schon. Also lässt er seine Gedanken kreisen.

Stimme aus dem Fernseher   *„Das kann nicht wahr sein. Nicht schon wieder."*

Bernard spricht die nächsten Worte des Krimis mit.

Bernard   *„Ein doppeltes Spiel. Was für eine fantastische Farce."*

Plötzlich springt Bernard hoch und reißt die Augen auf. Mit zitternden Händen blickt er in die Tasse und betrachtet den uralten Kaffeesatz vom letzten Schuljahr. Dann formen seine Lippen langsam die Worte:

Pauline-Theresa Coopfer
Peter T. Crüger
PTC

Literatur

Fischer, H., Heinz, M., Schlenker, L., Münster, S., Follert, F., & Köhler, T. (2017). Gamification und Serious Games, Grundlagen, Vorgehen und Anwendungen. *Edition HMD*, 113–125. https://doi.org/10.1007/978-3-658-16742-4_9

Koerner, S., Staller, M.S., Uhlich, T., Deuker, A., & Bonn, B. (i.Vorb.). *Gamification im Sport. Ein Leitfaden für Trainer*innen.* Springer Gabler.

Körner, S., Bonn, B., & Staller, M. S. (2024). *Gamification in der Hochschullehre. Ein Leitfaden für Dozent*innen.* Springer Gabler.

The manufacturer's authorised representative in the EU is Springer
Nature Customer Service Centre GmbH, Europaplatz 3, 69115 Heidelberg,
Germany. If you have any concerns regarding our products, please
contact ProductSafety@springernature.com

Printed and bound by CPI Group (UK) Ltd, Croydon, CR0 4YY

28/04/2026

02098542-0005